U0552702

国家智库报告 2020(32)
National Think Tank
法治指数与法治国情

中国法院信息化建设的广州经验

中国社会科学院　国家法治指数研究中心　著
　　　　　　　　法学研究所法治指数创新工程项目组

THE GUANGZHOU EXPERIENCE OF
THE INFORMATIONIZATION CONSTRUCTION OF
CHINESE COURTS

中国社会科学出版社

图书在版编目(CIP)数据

中国法院信息化建设的广州经验/中国社会科学院国家法治指数研究中心，中国社会科学院法学研究所法治指数创新工程项目组著.—北京：中国社会科学出版社，2020.10
（国家智库报告）
ISBN 978-7-5203-7337-1

Ⅰ.①中… Ⅱ.①中…②中… Ⅲ.①法院—信息化建设—研究—广州 Ⅳ.①D926.22-39

中国版本图书馆 CIP 数据核字（2020）第 186483 号

出 版 人	赵剑英
责任编辑	马　明
责任校对	赵　洋
责任印制	李寡寡

出　　版	中国社会科学出版社
社　　址	北京鼓楼西大街甲 158 号
邮　　编	100720
网　　址	http://www.csspw.cn
发 行 部	010-84083685
门 市 部	010-84029450
经　　销	新华书店及其他书店

印刷装订	北京君升印刷有限公司
版　　次	2020 年 10 月第 1 版
印　　次	2020 年 10 月第 1 次印刷
开　　本	787×1092　1/16
印　　张	13
插　　页	2
字　　数	168 千字
定　　价	69.00 元

凡购买中国社会科学出版社图书，如有质量问题请与本社营销中心联系调换
电话：010-84083683
版权所有　侵权必究

项目组负责人：
  田　禾　中国社会科学院法学研究所研究员，国家法治指数研究中心主任
  吕艳滨　中国社会科学院法学研究所研究员、法治国情调研室主任

项目组成员：（按姓氏笔画排序）
  王小梅　王祎茗　车文博　冯迎迎　刘雁鹏　米晓敏
  胡昌明　洪　梅　栗燕杰

执笔人：
  胡昌明　中国社会科学院法学研究所助理研究员
  田　禾　中国社会科学院法学研究所研究员，国家法治指数研究中心主任
  吕艳滨　中国社会科学院法学研究所研究员、法治国情调研室主任

摘要：建设智慧法院是人民法院适应信息化时代新趋势、满足人民群众新期待的重要举措。近年来，现代科技与法院工作深度融合，信息时代审判运行新模式正在逐步形成。广州法院围绕全面推进依法治国战略部署，按照"大数据、大格局、大服务"的理念，努力推进人民法院信息化建设，在推动司法公开、深化司法为民、提升审判质效、规范司法管理方面取得了显著成效，其中的经验做法都值得进一步分析和总结。为此，中国社会科学院国家法治指数研究中心以及法学研究所法治指数创新工程项目组对广州智慧法院开展了第三方评估。评估发现，广州智慧法院建设坚持问题和需求导向，着眼当下、面向未来，着重从信息化服务人民群众、信息化服务审判执行、信息化服务法院管理等方面入手，走出一条法院信息化建设的创新道路，在全国法院的信息化发展中具有一定的代表性。同时，报告指出广州法院在智慧法院建设过程中也面临一些制约发展的新问题，今后应当准确定位信息化发展走向，进一步提升信息化建设应用水平，挖掘大数据应用深度广度，探索互联网司法规律规则，提升智慧法院建设观念认识，引领中国智慧法院建设方向，打造"广州智慧法院"品牌效应，为世界司法信息化提供中国智慧法院建设的广州经验。

关键词：智慧法院　法院信息化建设　广州经验　第三方评估

Abstract: Building smart courts is an important measure for people's courts to adapt to the new trend of the information age and meet the people's new expectations. In recent years, modern science and technology and the court work depth fusion, the information age trial run the new pattern is gradually formed, guangzhou court around the all-round deployment strategy of governing the country according to law, in accordance with the pattern of "big data, and large service" concept, efforts to promote the informatization construction of the people's court, in promoting the judicial openness, deepen the justice for the people, improve trial quality, and the effect, standardize judicial management has made significant achievements, the experience is worth further analysis and summary. To this end, the National Rule of Law Index Research Center of Chinese Academy of Social Sciences and the Rule of Law Index Innovation Project team of The Institute of Law conducted a third-party evaluation of Guangzhou Smart Court. The evaluation shows that the construction of Guangzhou smart Court adheres to the problem and demand orientation, focuses on the present and the future, and focuses on the informatization in serving the people, the informatization in serving the trial execution, the informatization in serving the court management, etc. , so as to walk out an innovative road of the informatization construction of the court, which is representative in the informatization development of the courts in China. At the same time, the report points out that Guangzhou court also faces some new problems restricting its development in the process of smart court construction. In the future, it should accurately position the development trend of informatization, further improve the application level of informatization construction, explore the depth and breadth of big data application, explore the Internet judicial rules and rules, enhance the concept and understanding of smart court construction, guide the construction direction of Smart court in China, create the brand effect of "Guangzhou smart Court", and provide Guangzhou experience for the construction of Smart court in China for the world judicial informatization.

Key Words: Smart Court; Court Information Construction; Guangzhou Experience; Third-party Evaluation

目 录

导　言 …………………………………………………………（1）

第一章　广州智慧法院的建设背景 ………………………（8）
　　一　广州智慧法院建设的时代背景 ………………………（8）
　　二　广州智慧法院建设的现实需求 ………………………（10）
　　三　广州智慧法院建设的便利条件 ………………………（14）
　　四　广州智慧法院的建设历程 ……………………………（16）

第二章　广州智慧法院的评估概况 ………………………（19）
　　一　评估的意义 ……………………………………………（19）
　　二　评估的原则 ……………………………………………（20）
　　三　评估的对象 ……………………………………………（22）
　　四　评估的指标体系 ………………………………………（22）

第三章　广州智慧法院的建设理念 ………………………（27）
　　一　高度重视，有序建设 …………………………………（27）
　　二　尊重规律，面向审判 …………………………………（29）
　　三　需求导向，服务群众 …………………………………（30）
　　四　面向未来，开放融合 …………………………………（31）

第四章　广州智慧法院的主要实践和经验 ………………（33）
　　一　服务一线，让法官专注于审与判 ……………………（33）

二　联网联动，努力实现"执必果" …………………… (45)
三　运用大数据，实现审判管理精准化 ……………… (55)
四　以人为本，拓展司法为民渠道 …………………… (60)
五　全面覆盖，司法更加公开透明 …………………… (67)

第五章　广州智慧法院应用成效横向比较 …………… (72)
一　广州智慧法院总体概况 …………………………… (72)
二　广州智慧法院智能审判 …………………………… (75)
三　广州智慧法院高效执行 …………………………… (94)
四　广州智慧法院自动化管理 ………………………… (106)
五　广州智慧法院优质服务 …………………………… (116)
六　广州智慧法院制度建设和组织保障 ……………… (137)
七　广州智慧法院创新应用 …………………………… (137)
八　广州各法院的智慧法院建设评估 ………………… (139)

第六章　展望：打造智慧法院品牌，引领法院信息化
发展方向 ……………………………………………… (163)
一　准确定位信息化发展走向，引领中国智慧法院
建设方向 …………………………………………… (164)
二　提升信息化建设应用水平，推动新技术与审判
深度融合 …………………………………………… (167)
三　挖掘大数据应用深度广度，提升司法服务社会
治理能力 …………………………………………… (175)
四　探索互联网司法规律规则，加强学习交流弥补
自身短板 …………………………………………… (178)
五　提升智慧法院建设观念认识，加强人才培养和
组织保障 …………………………………………… (181)

参考文献 ……………………………………………………… (186)

后　记 ………………………………………………………… (191)

导　言

当下世界正在经历一场信息化革命，大数据、人工智能、云计算、5G应用等技术正快速改变着人们生产生活方式。习近平总书记指出，信息化为中华民族带来了千载难逢的机遇。我们必须敏锐抓住信息化发展的历史机遇，自主创新推进网络强国建设。① 中国共产党坚持以人民为中心，采用一切新技术、新管理和新思路为人民服务是必然之道。法院信息化建设是推进司法为民、公正司法、司法公开、司法民主的重要途径，是审判体系现代化和审判能力现代化的重要内容，是实现"让人民群众在每一个司法案件中都感受到公平正义"目标的重要保障。改革开放以来，中国的信息化建设历经摸索、融合、创新的艰辛历程，已取得举世瞩目的成就。

党的十八大将"信息化"列为中国特色新型"四化"道路之一，并将"到2020年信息化水平大幅提升"作为全面建成小康社会的重要标志以来，中国的信息化建设速度大幅提升，信息技术与经济社会相融合的广度和深度都发生了质的飞跃。现实社会中，信息化为国家经济腾飞、社会发展、改善人民生活水平做出的突出贡献，为每个国民之切身体会，这种体会也是

---

① 《习近平出席全国网络安全和信息化工作会议并发表重要讲话》，http：//news.cctv.com/2018/04/21/ARTIg5W5SqI09KHkP8wMt40j180421.shtml，央视网，最后访问日期：2020年4月21日。

中国未来坚持信息化发展道路的基础和动力。

2014年，中央成立了由习近平总书记任组长的中央网络安全和信息化领导小组，体现了中国最高层全面深化改革、加强顶层设计的意志，显示出保障网络安全、维护国家利益、推动信息化发展的决心。随后，《2006—2020年国家信息化发展战略》《国家信息化发展战略纲要》和《"十三五"国家信息化规划》等文件相继出台，表明网络安全和信息化上升到国家安全战略高度。

党的十九大以来，信息化更是助力中国发展的重要支柱性手段。党的十九大报告贯彻并发展了十八大关于信息化的论述，在不同领域的多项任务中都提及信息化建设的重要性。中国共产党第十九次全国代表大会提出，加快建设创新型国家的任务目标，为建设科技强国、质量强国、航天强国、网络强国、交通强国、数字中国、智慧社会提供有力支撑。习近平总书记在十九大报告中还特别指出，要善于运用互联网技术和信息化手段开展工作。而且认为，推动新型信息化是坚持创新发展理念的体现。① 党的十九届四中全会聚焦坚持和完善中国特色社会主义制度、推进国家治理体系和治理能力现代化，提出要"建立健全运用互联网、大数据、人工智能等技术手段进行行政管理的制度规则。推进数字政府建设，加强数据有序共享"②。由此可见，国家的现代化治理离不开信息化技术的推动和辅助，推进治理能力现代化，也应当高度重视并利用信息化手段。为此，《国家信息化发展战略纲要》提出要通过信息化深化电子政务，推进国家治理现代化

---

① 习近平：《决胜全面建成小康社会 夺取新时代中国特色社会主义伟大胜利——在中国共产党第十九次全国代表大会上的报告》，载《新华每日电讯》2017年10月28日第1版。

② 《中共中央关于坚持和完善中国特色社会主义制度 推进国家治理体系和治理能力现代化若干重大问题的决定》，《新华每日电讯》2019年11月6日第1版。

的目标，要求适应国家现代化发展需要，更好用信息化手段感知社会态势、畅通沟通渠道、辅助科学决策。持续深化电子政务应用，着力解决信息碎片化、应用条块化、服务割裂化等问题，以信息化推进国家治理体系和治理能力现代化。①

司法是国家治理的主要手段之一，法院信息化建设是国家信息化建设的重要组成部分，其不仅可以提升司法治理的效率，而且也是新时期人民法院维护社会公平正义、满足人民群众司法需求的重要技术手段。为此，《国家信息化发展战略纲要》将建设智慧法院列入国家信息化发展战略，《"十三五"国家政务信息化工程建设规划》还提出了建设民主法治信息化工程的具体意见，要求"构建以案件为主线的公安机关、检察机关、审判机关、司法行政机关各司其职的行为留痕机制，依法实现过程透明，强化侦查权、检察权、审判权、执行权相互配合和制约的信息能力，全面提高司法公信和司法公正水平"。这充分体现了中央对法院信息化建设的重视和支持。

人民法院信息化发展经历了若干发展阶段，从萌芽走向逐渐深化和全面应用。1996年5月，"全国法院通信及计算机工作会议"召开，标志着人民法院信息化工作正式起步。2002年至2012年，法院信息化进入普遍推进阶段。2002年最高人民法院召开了全国信息化工作会议，成立了信息化建设工作领导小组。此后，人民法院信息化工作在全国全面展开。2007年6月，最高人民法院印发《最高人民法院关于全面加强人民法院信息化工作的决定》，总结人民法院信息化工作的指导思想和原则，具体安排了人民法院信息化工作保障机制。

2013年以来，人民法院信息化建设进入提速发展阶段。全国各级法院深入贯彻党的十八大、十九大和十九届四中全会精

---

① 《中办国办印发〈国家信息化发展战略纲要〉》，《人民日报》2016年7月28日第1版。

神,以习近平新时代中国特色社会主义思想为指南,努力抓住信息时代为司法工作提供的新机遇,确切把握智慧法院建设面临的新形势,以智慧法院建设为目标大力推进人民法院信息化,促进审判体系和审判能力现代化。最高人民法院每年举行一次全国法院信息化工作会议,以明确人民法院信息化工作的指导思想和工作任务。2013年12月,最高人民法院出台《人民法院信息化建设五年发展规划(2013—2017)》,此后每年滚动修改,明确了各级人民法院之后五年信息化发展的指导思想、基本原则、发展思路、建设目标、重点任务和保障机制。

党的十八大以来,在最高人民法院的强力推动下,各级人民法院依托"天平工程"等建设项目,基本建成了以互联互通为主要特征的人民法院信息化2.0版。其主要内容是,以办公内网、法院专网、外部专网、互联网和涉密内网为纽带,形成了网内互联互通、类型较为齐全的信息基础设施;十类业务应用为司法服务、审判执行和司法管理提供直接支持;以审判执行为主体,包括司法人事和司法政务信息的三类信息资源初具规模,数据集中管理实现突破;法院信息化服务于司法为民的宗旨更加明确,人权的司法保障水平显著提升。2015年,全国3500多家法院实现了办公网络全覆盖,数据的实时统计、实时更新,信息化与各项审判业务的良性互动格局初步形成,大大提升了司法为民、公正司法水平,全国四级法院构成的信息化网络在国家治理体系中开始发挥越来越重要的作用。

在此基础上,最高人民法院进一步规划了稳步推进人民法院信息化的发展蓝图,出台《关于加快建设智慧法院的意见》,明确了智慧法院建设的路线图:"2017年底总体建成、2020年深化完善人民法院信息化3.0版"。[①] 在全国法院第三次信息化

---

① 《最高人民法院关于加快建设智慧法院的意见》(法发〔2017〕12号),《中华人民共和国最高人民法院公报》2017年第11期。

工作会议上，最高人民法院就法院信息化建设"十三五"规划作出具体部署：各级人民法院要围绕建成人民法院信息化3.0版、促进审判体系和审判能力现代化的总体目标，坚持服务人民群众、服务审判执行、服务司法管理，更加注重需求主导，更加注重科技引领，更加注重问题导向，更加注重自主可控，打造全面覆盖、移动互联、跨界融合、深度应用、透明便民、安全可控的人民法院信息化3.0版。

此后，中国法院围绕全面推进依法治国战略部署，按照"大数据、大格局、大服务"理念，以服务人民群众、服务审判执行、服务司法管理为主线，推进人民法院信息化建设，在推动司法公开、深化司法为民、提升审判质效、规范司法管理方面取得了显著成效。智慧法院建设全面提速，现代科技与法院工作越发深度融合，信息时代审判运行新模式正在逐步形成。2018年，在全国各级法院的共同努力下，人民法院信息化3.0版的主体框架已经确立，智慧法院的全业务网上办理基本格局已经形成，全流程依法公开基本实现，全方位智能服务的方向已经明确并展现广阔前景，先进信息技术推动法院审判执行方式发生了全局性变革，有力促进了审判体系和审判能力现代化。

2019年以来，各级法院认真贯彻落实最高人民法院决策部署，开拓进取、攻坚克难，智慧法院建设取得了新的显著成效。全国各级法院坚持体制改革与科技变革相结合，以电子卷宗为基础全面推进智能化辅助办案，努力攻克以人工智能为标志的一批关键技术，大力推动信息技术在审判、执行、管理、服务等方面的应用。全国31个省区市及新疆建设兵团均开通移动微法院，跨域立案服务在全国各级法院全面实现，一站式诉讼服务体系、统一司法区块链平台、司法大数据、最高人民法院智慧法院实验室建设等取得长足进步，工作成效明显，中国法院信息化建设朝着智慧法院建设目标迈进。新冠肺炎疫情发生以来,各级法院运用智慧法院建设成果,将诉讼服务从"线下"移到"线上",及时有效办理大量案件,中国法院移动电子诉讼成果在国际社会受到广泛关注,获得高度评价。

从全国法院信息化应用成效来看,2019 年,有 97.8% 的法院支持网上立案,其中高级法院的实现比例首次达到 100%,中级法院和基层法院的比例分别为 99.3% 和 97.6%;法院全年网上立案的一审民商事和一审行政案件共有 5149570 件,占一审民商事和一审行政案件受理总数的 33.2%;有 2320 家法院支持网上证据交换,占法院总数的 66.9%。有 2018 家法院支持网上开庭,占法院总数的 58.2%;有 3202 家法院使用过"总对总"网络进行查控,占法院总数的 92.3%;全国法院使用最高人民法院"总对总"网络系统查控案件 14130117 件,平均每家法院 4413 件;2019 年全国法院审判流程信息公开率达到 99.5%,其中 2055 家法院的审判流程信息公开率达到 100%,占法院总数的 59.2%;法院庭审直播 3903771 次,直播率 33.2%;当事人通过中国执行信息公开网共联系法官 73203 次,为 2018 年的 46.7 倍。法官及时回复 62342 次,回复率为 85.2%。①

由此可见,中国法院信息化建设成效显著,已经在世界上树立了网络覆盖最全、数据存量最大、业务支持最多、公开力度最强、协同范围最广、智能服务最新的样板。在中国与葡萄牙语国家最高人民法院院长会议上,与会各国最高法院高度评价中国法院信息化建设取得的成果,与会国家领导人表示,"互联网+司法"是中国法院取得的最伟大的成就之一,中国法院的信息化水平已处于世界领先水平。中国法院信息化建设已经跻身世界前列,围绕智慧审判、智慧执行、智慧服务、智

---

① 陈甦、田禾主编:《中国法院信息化发展报告 No.4 (2020)》,社会科学文献出版社 2020 年版,第 2—3 页。

慧管理的智慧法院体系基本建成，走出了一条法院信息化的中国道路，① 为信息时代的世界司法文明建设提供了中国方案，贡献了中国智慧。

改革开放 40 余年，广东始终走在全国开放的前列。广州作为广东省省会、海上丝绸之路的起点，一直是华南地区的政治、经济、文化中心。作为改革开放的前沿阵地和"试验田"，广州 40 多年来在诸多领域先行先试，为全国探路。近年来，随着社会经济的发展，民主法治建设的推进，群众权利意识、法治意识的增强，广州法院受理的各类案件总量持续增长，疑难、复杂、新类型案件越来越多，人民群众的司法需求呈现多层次、多样化的发展趋势。面对司法审判工作中出现的新形势、新问题，广州法院紧紧抓住新一轮科技革命对社会经济发展、社会治理模式以及法院工作方式的变革驱动作用，将信息化建设、智慧法院建设作为重要抓手，引领广州法院科学发展、长远发展。为此，广州法院一直在探索和尝试法院信息化的道路和创新，其经验或许可以为全国法院的信息化建设提供范本；而广州法院今天面临的瓶颈也许就是全国法院明天要面对的难题。广州中院信息化建设在全国法院信息化发展中具有一定的代表性，值得进一步地分析和总结。为了全面掌握广州智慧法院建设应用情况，中国社会科学院国家法治指数研究中心、法学研究所法治指数创新工程项目组（以下简称"项目组"）对广州法院开展了第三方评估。本报告立足信息化应用效果，对广州智慧法院建设情况进行分析，对信息化服务人民群众、信息化服务审判执行、信息化服务法院管理的应用成效进行评估，对广州智慧法院建设的经验加以总结，并指出今后打造"广州智慧法院"品牌效应的努力方向。

---

① 陈甦、田禾主编：《中国法院信息化发展报告 No.3（2019）》，社会科学文献出版社 2020 年版，第 3 页。

第一章　广州智慧法院的建设背景

党的十九大报告中提出要深化司法体制综合配套改革的总体要求，因而对法院信息化建设如何辅助审判执行、如何加强审判管理以及如何提升诉讼服务水平提出了更高的要求。近年来，中国法院形成了以五大网络为纽带的信息基础设施和支持司法服务、审判执行和司法管理的十类应用，实现了审判执行、司法人事、司法政务、司法研究、信息化和外部数据的集中管理，正朝着智慧法院的目标大踏步前进。

广州法院围绕全面推进依法治国战略部署，按照"大数据、大格局、大服务"理念，努力推进人民法院信息化建设，以信息技术服务人民群众、服务审判执行、服务司法管理。

一　广州智慧法院建设的时代背景

信息化随信息技术的兴起迅速席卷全球，给整个人类社会带来了由工业社会迈向信息社会的飞跃式转变。物联网等新技术拓展网络空间边界，从人人互联向万物互联演进；"互联网+"、大数据、云计算、人工智能等新名词迅速占领日常用语排行榜首页；数字化、网络化、智能化服务无处不在，根本改变了人民的生活。大到整个行业，小到一个个人，都因信息技术的普及和传统的生产、生活方式告别。近年来，人工智能（Artificial Intelligence，AI）的飞速发展让信息化迈入崭新的纪元，甚至发生了质变。有人将人工智能称为继蒸汽革命、电力革命以及信息革命之后的第四次工业革命的核心和首要推动力，更有甚者直接将人工智能定义为第四次工业革命本身。目前中国正处于全球化、信息化这场人类有史以来最重要的变革洪流之中。全球化使地球变成不可分割、相互依赖的大社区，信息化缩小了这个社区的空间和时间，大数据则是这个社区中的各个小社区赖以联系和竞争的关键要素。

党的十八大以来，以习近平同志为核心的党中央从党和国家事业发展全局的高度，作出实施网络强国战略、"互联网+"行动计划、国家大数据战略等重大决策部署，不仅为我国信息科技发展指明了方向和道路，而且使中华民族复兴走上了一条快车道。近年来，国家高度重视社会治理能力现代化的建设。党的十九大报告指出，"社会治理体系更加完善，社会大局保持稳定，国家安全全面加强"。党的十九届四中全会要求，"完善党委领导、政府负责、民主协商、社会协同、公众参与、法治保障、科技支撑的社会治理体系，建设人人有责、人人尽责、人人享有的社会治理共同体"。审判体系和审判能力现代化是国家治理体系和治理能力现代化的重要组成部分，是法治现代化的重要依托。人民法院信息化建设是审判体系现代化和审判能力现代化的重要内容和保障。司法体制改革需要与科技变革相结合，将大数据、人工智能、区块链等科技创新成果同司法工作深度融合，将信息技术嵌入审判、执行、管理、服务等环节，提升司法的效率、公平性和透明度，使人民群众在每一个案件中都感受到公平正义，这才真正是国家司法治理体系和司法治理能力现代化的应有之义。因此，加快推进信息化建设，是适应新形势新任务、推进人民法院审判体系和审判能力现代化的必然要求，是深化司法改革的重要内容和强大动力，是实现公正司法的重要途径，是满足人民群众多元司法需求的现实需要。

近年来，全国各级法院深入贯彻党的十八大和十九大及十九届四中全会精神,以习近平新时代中国特色社会主义思想为指南,充分认识信息时代为司法工作提供的新机遇,确切把握智慧法院建设面临的新形势,以智慧法院建设为目标大力推进人民法院信息化,为司法体制改革、提升司法能力和效率,服务党和国家大局、服务人民群众努力探索和创新。

综上,信息化技术的飞速发展、国家治理能力现代化的要求和人民法院对信息化建设的高度重视是广州智慧法院建设的时代背景和政策环境。

二 广州智慧法院建设的现实需求

广州市中级人民法院于1949年11月建院,下辖基层法院12家,是全国建院历史最长、干警人数最多、审判任务最重的中级法院之一。在多年快速发展的同时,广州法院越来越感到司法工作中面临着日益增长的群众需求和有限的司法资源、日益繁重的办案任务和司法效能相对滞后以及日益复杂的司法外部环境和提高司法公信力的矛盾。这些矛盾制约了法院工作的健康发展。在司法资源短期内不可能大幅增加的情况下,破题的关键在于如何立足现有资源实现国家治理手段现代化的需要、实现司法公平正义的需要、实现化解矛盾纠纷和公众参与诉讼便捷化的需要。向科技要生产力,通过提高"互联网+"、云计算、大数据、人工智能等技术应用的深度广度,推动信息化工作与审判执行工作深度融合,实现审判体系和审判能力现代化就成了广州法院的必然选择。

(一)实现司法公平正义的需要

十八大以来的司法体制改革要求完善司法管理体制和司法权力运行机制,规范司法行为,加强对司法活动的监督,努力让人民群众在每一个司法案件中感受到公平正义。人民法院信息化建设是推进司法为民、公正司法、司法公开、司法民主的重要途径。一是司法改革对法院各项工作提出了更高的要求，要求法官的行为更加规范化，法官的审理更加精细化。这就要通过提高"智慧法院"辅助司法的水平、管理司法的精细化程度、服务当事人的能力来实现司法改革的这些目标，确保司法改革取得成功。二是司法责任制改革要求法院实现"审理者裁判，裁判者负责"，通过加强院、庭长管理，增加办案人员、司法资源投入等传统方式不仅已经无法实现这些目标，而且与司法改革的初衷背道而驰，因此需要通过加强司法的现代化、信息化建设，促使法院在审判流程节点提示、庭审自动巡查、案件警示等方面开发更加智能的审判系统。三是人民群众对司法公正有了更高的期待，倒逼法院以公开促公正。实践证明，司法越公开，运行越阳光，监督越有效，法院裁判就越有权威和公信力。因此，通过信息化手段，尤其是移动互联网平台主动公开政务、案件信息，构建开放、动态、透明、便民的阳光司法机制是人民法院在复杂外部环境下提升司法公信力的有效途径。

（二）矛盾纠纷日益增长的需要

改革开放以来，中国社会结构发生很大的变化，特别是近十年来变化加快，个体和群体的社会活动方式形态发生深刻变革。在市场经济快速发展的洪流中，伴随着文化建设的日益繁荣、人民群众生活水平的不断提高，权利意识自觉性加强，社会矛盾纠纷高发，呈现出矛盾主体多样化、纠纷类型多元化、矛盾内容杂乱化、调处流程复杂化等趋势。广州地处改革开放的前沿，是我国社会形势变化和变迁的晴雨表，广州的经济和社会发展得失隐喻和映射着中国发展的前景。广州各类影响和谐稳定的因素多元化、复杂化、深刻化，对司法治理提出很高的要求，"案多人少"、司法效率及司法公开性对法院带来了越来越大的压力。从表1-1我们可以清楚地了解这一压力有多大。

表1-1 广州市中级人民法院和全市法院2010年到2019年收结案数据　　　　单位：件

年份	全市法院		中院	
	收案	结案	收案	结案
2010	195123	179508	35486	31425
2011	204647	179710	35444	31729
2012	232183	206024	39142	35323
2013	234012	202122	39707	35430
2014	269164	229621	47630	42744
2015	301704	239521	50468	45591
2016	370346	293564	48233	43451
2017	426144	355945	53621	49069
2018	464138	405798	54853	51733
2019	623642	554296	57186	54219

数据来源：广州市中级人民法院司法统计数据汇总。

随着社会经济的高速发展，人民法院受理的案件数量不断攀升。1999年，广州法院受理案件数首次突破10万件，达到122495件。2011年首次突破20万件，达到204647件。2015年首次突破30万件，达到301704件。受理案件数实现第一个十万级的跨越用了12年时间，第二个十万级的跨越仅仅用了4年时间。2019年，全市法院受理案件数达623642件，与2015年相比受理案件数在四年时间内又翻了一番，结案数也超过55万件。与2010年相比，广州法院的收案数增长了200%多。与此同时，广州法院法官人数不增反降，1999年全市法院法官人均结案93件，2019年法官人均结案440余件，人均结案数增长了近5倍。其中，广州互联网法院法官人均结案达1934件。在办案任务繁重的普通基层法院（如越秀区人民法院和天河区人民法院）法院法官人均结案也超过了650件。以一年200个工作日计算，平均每天结案3.25件以上。

案件数量的持续增长使得广州法院的人案矛盾十分突出，在传统的办案模式下，仅仅依靠优化法院的职权配置已经无法满足人民群众越来越高涨的诉讼需求。只有通过大力推进法院信息化建设，将法官从繁重的事务性工作中剥离出来，提升信息化辅助办案水平，才能有效提高审判效率，从而及时化解进入法院的矛盾纠纷。

（三）公众参与诉讼便捷化的需要

移动互联3.0时代是人与网络全方位互动的时代。当前，社会大众在衣、食、住、行等各个层面，通过网络甚至只是一部手机即可足不出户在线订餐、订票、购物、学习，享受各种社会服务，实现与世界的全方位信息交流与互动。在新时代，人民群众对法院的需求多元化，要求法院全方位公开，与法院零距离沟通、即时性互动、无障碍共享等。在这一背景下，如果诉讼流程、诉讼模式仍然一成不变，民众参与诉讼的方式依旧单一，诉讼过程还是费时费力，新时代法院建设无法为当事人提供便捷的参与方式，司法供给与人民群众便捷化的需求就不相匹配，法院与当事人之间的沟通难以顺畅。因此，人民法院需要运用互联网思维，通过诉讼服务网、12368诉讼服务热线、网上申诉信访平台、远程接访系统、律师服务平台等信息系统，打造全方位、立体式的"互联网＋"诉讼服务，让信息多跑路，努力做到人民群众的司法需求延伸到哪里，人民法院的司法服务就跟进到哪里，[①] 以使司法的"总供给"和群众的

---

① 蔡长春：《信息化给法院工作带来七大变化》，《法制日报》2016年4月13日第3版。

"总需求"实现基本平衡,提升公众对司法的满意度。

三 广州智慧法院建设的便利条件

从发展版图来看,广东省内虽然存在发展不平衡问题,但是珠三角一直是中国改革开放的马前卒、先锋队。广州地处珠三角核心区域,在改革创新方面经常一马当先、独领风骚。广州法院信息化建设具有很多有利条件。

首先,广东省大力推动数字政府建设为广州智慧法院建设提供了有利的支持。近年来,广东以前所未有的力度推进数字政府、智慧城市建设,在数据汇聚共享、基础设施升级、智能管理等方面成效显著,为法院信息化建设提供了良好的外部环境和大量资源。广东省在推进"数字政府"建设时,注重全省一体化政务大数据中心建设,打破数据孤岛,力求数据能够跨地区、跨部门、跨层级共享应用。以"粤省事"为代表的全省数字政务体系建设在全国名列前茅,有效支持了广东数字政务的高水平发展,2018年广东在省级数字政务指数评估中排名全国第一。[①] 广州市中院积极与省政务大数据中心、广州大数据平台等对接,充分利用各行各业数据资源。目前,广州中院与省政数局初步打通数据对接,在法院配置了政务服务一体机,集成全省出入境、交管、人社、民政、税务、公积金等多个部门共14类高频业务的查询、办理和打印;与数字广东对接,获取了全省的律师数据等;与市大数据平台对接,共享广州市级各部门的数据,开展工作联动;等等。

其次,粤港澳大湾区的发展战略为广州智慧法院提供了新

---

① 叶丹:《腾讯发布〈2019数字中国指数报告〉 数字政务指数广东全国第一》,http://news.southcn.com/gd/content/2019-05/22/content_187564512.htm,南方网,最后访问日期:2020年8月5日。

契机。2017年3月，国务院《政府工作报告》正式提出制定大湾区城市群发展规划，这标志着大湾区建设正式成为国家战略的一部分。2019年2月18日，中共中央、国务院印发的《粤港澳大湾区发展规划纲要》，进一步明确了广州的定位，为广州发展指明了前进方向。《粤港澳大湾区发展规划纲要》提出，要优化提升信息基础设施，推进新型智慧城市试点示范和珠三角国家大数据综合试验区建设，加强粤港澳智慧城市合作，探索建立统一标准，开放数据端口，建设互通的公共应用平台，建设全面覆盖、泛在互联的智能感知网络以及智慧城市时空信息云平台、空间信息服务平台等信息基础设施，特别是广州要培育提升科技教育文化中心功能，着力建设国际大都市。《粤港澳大湾区发展规划纲要》为广州智慧法院的建设提供了新的契机，即大湾区重视数字湾区建设，重点发展信息服务业，使法院加快了信息基础设施建设步伐，如超前布局下一代互联网（NGN），利用电子政务数据中心、大数据产业园、大数据交易中心、国家大数据重点实验室等有利条件，不断拓展云计算、人工智能、大数据在法院工作中的应用。

最后，众多的当地高科技公司为广州智慧法院建设提供了强大的科技支撑。根据2019年发布的《广州市2018年国民经济和社会发展统计公报》，广州高新技术企业总数累计超过11000家，居全国第三。本地拥有大量的高科技企业是广州法院引入一流科技公司和科技人才、加快智慧法院建设的先天便利条件。2017年，广州中院与当地一家世界500强的互联网企业就共同加强智慧法院建设、深化"法律+互联网"领域的合作签订了战略合作协议。双方同意发挥广州中院国家中心城市法院的区位优势、新类型案件丰富的审判资源优势、智慧法院建设的先发优势，以及科技公司在互联网领域的人才、技术、传播优势，在"法律+互联网"方面展开全面合作，包括协同推进电子政务公共服务建设、研究探索法院"互联网+"整体解决方案以及建立多渠道全方位的"法律+互联网"传播平台等。此外，2019年，广州中院又与三大通信运营商之一的广州分公司签署《广州5G智慧法院建设战略合作协议》，引入5G技术联合建设智慧法院，即在现有智慧法院建设成果的基础上，推动5G技术与法院诉讼服务、智慧庭审、智慧审判和智慧执行等融合。

四 广州智慧法院的建设历程

2002年，广州法院首次对外开通广州市中级人民法院（以下简称广州中院）门户网站，这是广州法院信息化建设肇始的标志。之后，智慧法院建设经历了一个从起步到全面铺开，再到创新引领的过程。这个过程大致分为以下几个阶段。

第一，智慧法院建设起步阶段（2002—2009年）。这一阶段，广州中院逐渐认识到信息化工作对审判执行的重要性，开始加强信息化的基础建设。一是加强内部外的网络建设，除了对外开通门户网站外，对内加强两级法院内部局域网系统建设，两级法院审判、执行和行政办公系统实现了联网运行；二是推进办公自动化建设，通过提升办公自动化水平，提高审判工作的科技含量和审判效率。三是通过信息化建设，提升审判管理的水平。建立案件审判、执行流程管理制度，通过电脑软件对各类案件的办理全程跟踪监督，对案件实施有效管理监控，对超期限案件加强督促催办；通过完善开发使用相关电脑软件系统，加强了对执行款物的监控。

第二，智慧法院建设全面铺开阶段（2010—2016年）。这一阶段，广州中院确立了"向科技要生产力"的理念，以互联网技术为核心开始大规模推进法院各项业务信息化建设，重点推进审判执行、诉讼服务、司法管理等方面建设，推动解决"案多人少"等制约法院科学发展的难题。一是切实推进数字化法庭建设。数字法庭运用网络技术、数据库技术、音视频技术和智能控制手段，将庭审活动的视频、音频、文字等信息进行综合处理、存储和利用，为庭审活动提供信息支持，进一步规范法官庭审活动。二是构建广州法院审判执行一体化信息网络，为审判执行工作提供科技支撑。其间，广州法院根据上级法院的部署，在中级法院和各基层法院成立了执行指挥中心，初步形成"两级联网、覆盖全市"的执行指挥网络。三是借助网络推动"阳光司法"，推进立案、审理、裁判、执行信息网上全程公开，推动裁判文书公开，尝试网络庭审直播。广州中院开创网络庭审直播先河，2013年，审判法庭全部实现庭审活动录音、录像和记录"三同步"，做到庭审网络"天天有直播"，并积极推动基层法院和人民法庭实行庭审网络直播。四是通过信息化建设加强诉讼服务。开通"12368"诉讼信息服务平台，在全国率先采用"一对一"人工服务，做到办案信息"主动告知"，当事人"有问必复"，推行"一站式"柜台服务、网上立案等便民措施，让当事人打官司更加便捷。

第三，智慧法院建设创新引领阶段（2017年以来）。这一阶段，广州法院紧跟时代技术发展趋势，不断创新拓展，强化"互联网＋"思维，运用互联网、大数据、人工智能等高科技手段，将手机App、微信小程序、5G等新技术纷纷运用到审判、执行、审判管理和诉讼服务中，初步建成满足群众、法官、决策需求的广州智慧法院，引领了智慧法院建设的潮流。一是推进智能辅助办案系统建设。建成云计算中心、大数据管理分析平台、"智审"辅助裁判系统、"法官通"移动办案平台、"律例注疏"法律知识库、裁判文书说理库，实现业务网上办理、数据互通共享、文书辅助生成。对284个智慧法庭进行集中管控、按需调配。推行庭审语音识别转录改革，提高庭审效率。二是全面建设"互联网＋诉讼服务"平台。广州法院以满足人民群众司法需求为导向，不断拓宽司法为民渠道，从开通"审务通""律师通"到研发智能导诉机器人,开发"广州微法院"微信小程序,为当事人、律师提供移动式便捷诉讼服务。三是搭建网络平台,拓宽司法公开渠道。广州法院加强法院官方网站、微博、微信等平台建设,搭建了审判流程、开庭审理、裁判文书、执行信息四大司法公开平台,庭审直播案件、上网公开裁判文书数量均居全国中院前列,在中国社会科学院发布的中国司法透明度指数中,广州中院连续多年排名全国法院第一,获评全国司法公开标杆法院。

由此可见,近20年的广州智慧法院建设经历了循序渐进的过程,不断由浅入深,从加强基础建设到系统应用全面完善,最终傲立中国智慧法院发展的潮头。

第二章 广州智慧法院的评估概况

一 评估的意义

对法院信息化应用成效进行科学评价，可以更加全面和深入了解法院信息化的现状，对人民法院信息化在规范司法权运行、提升司法能力、落实司法为民方面的工作进行客观评估，总结人民法院信息化的成就，分析面临的困难，探究人民法院信息化的发展方向。为此，中国社会科学院国家法治指数研究中心以及中国社会科学院法学研究所法治指数创新工程项目组在对全国法院信息化建设连续四年评估的基础上，研发了针对某一地区的"智慧法院评估指标"——"广州智慧法院第三方评估指标"。根据该评估指标项目组对广州两级13家法院的"智慧法院建设应用状况"开展了首次评估，本报告是对评估情况和结果所做的基本分析，期冀对各地法院的信息化建设有所启迪。

对广州智慧法院建设进行第三方评估，至少有以下两方面的意义。一是有助于总结广州智慧法院建设取得的成绩。自2002年广州法院开通门户网站、信息化工作起步以来，广州智慧法院建设走过了近二十个年头，法院信息化水平得到了长足进步，从传统上案件管理依靠纸质档案、裁判文书依靠油印发展到在线办案、在线公开，有效地提高了审判执行效率。与此同时，中国其他地区的法院也开始大踏步地开展法院信息化建设，也创造了一些好的经验和做法。第三方评估可以对广州智慧法院建设取得的成绩进行客观总结，分析广州智慧法院建设在全国法院信息化建设中所处位置，以资提炼出可供推广和借鉴的经验。二是有助于发现广州智慧法院建设面临的问题。广州法院在信息化建设过程中投入了大量人力、物力和财力，开发了许多系统和软件。这些系统和软件对服务审判执行、服务审判管理、服务人民群众、服务领导决策等是否起到了切实的作用，还面临哪些问题和困难，都有必要加以研究分析。第三方评估可以科学合理地衡量广州在法院信息化方面的发展水平，以为全国其他法院的信息化建设提出可参考的建议和意见。

二 评估的原则

（一）依规评估

评估的指标体系设计坚持有规可循的原则，即所有指标均有国家和法院内部相关规定、要求、文件等依据或者原则性规定，不随意设置标准、拍脑袋进行评估，以做到让评估对象与公众心服口服。近年来，在国家信息化发展战略的指引下，最高人民法院高度重视法院信息化工作，将其作为人民法院工作的重中之重，针对信息化建设发布了一系列文件和规定。因此，评估指标均依据《最高人民法院关于全面深化人民法院改革的意见——人民法院第四个五年改革纲要（2014—2018）》、《人民法院信息化建设五年发展规划（2016—2020）》（2019年滚动修订为《人民法院信息化建设五年发展规划（2019—2023）》）以及《最高人民法院关于加快建设智慧法院的意见》等文件设定。

（二）客观评估

第三方评估的目的是评价各法院开展信息化建设工作的成效，故应避免主观性评价，因此，评估将"好"与"坏"这样主观性、随意性较强的判断标准转化为客观且具备操作性的评估指标，着眼于法院的信息化建设是否实现了辅助法官审判执行、服务审判管理、提高诉讼服务水平的目标。评估仅根据实际情况对各项评估内容做"有"和"无"的判断，最大限度地减少评估人员的自由裁量空间。

（三）重点突出

人民法院信息化3.0版的建设目标是促进审判体系和审判能力现代化，形成支持全业务互联网诉讼、全流程审判执行要素依法公开、面向用户按需提供全方位集成式司法审判信息资源服务和辅助决策支持的智慧法院。为了有针对性地推动广州智慧法院工作，评估指标主要选择当前对于促进提升法院审判质效、为当事人参与诉讼提供便利以及推动司法审判公开等较为重要的领域作为评估的重点，尤其是侧重广州智慧法院各项应用的实际效果。

（四）渐进引导

自1996年5月到2015年底，人民法院基本实现了四级法院专网全覆盖，全国3500余家法院已经通过法院专网实现了互联互通，建成人民法院信息化2.0版，再到《人民法院信息化建设五年发展规划》勾勒出人民法院信息化3.0版的六个特征，人民法院的信息化建设是一个不断发展进步的过程，对于法院信息化的评估也应该循序渐进。本次评估基于广州智慧法院建设的实际情况，并兼顾理想状态，设置评估指标，通过此次评估对广州智慧法院建设进行引导，促进广州智慧法院建设的规范化和实用性。

（五）通用便利

法院信息化建设的主体是法院，但建设成果普惠的应是广大的人民群众和法官群体自身。法院信息化建设应充分考虑到法院与使用者的互动关系，使用者的意愿和评价对法院信息化建设极为重要。对广大人民群众而言，智慧法院的便利性自是不必多言，好用的系统会不胫而走；对法院和法官而言，是否有助于管理、有助于办案、有助于服务对党和国家决策则至关重要。因此，智慧法院建设的通用效果及其便利性也应是法院信息化建设的基本原则。

三 评估的对象

广州市中级人民法院本院及下辖的12家基层法院，都是此次第三方评估的对象。下辖的法院分别是：广州互联网法院、越秀区人民法院、海珠区人民法院、荔湾区人民法院、天河区人民法院、白云区人民法院、黄埔区人民法院、花都区人民法院、番禺区人民法院、南沙区人民法院、从化区人民法院、增城区人民法院（以下均使用某某法院的简称，如越秀法院、互联网法院）等。

四 评估的指标体系

法院信息化的目标是多重的，不仅要助力构建新的审判权运行方式，也要提升便民服务水平、实现司法为民服务，因此，项目组从多个维度设定指标体系，以评估法院信息化的水平和成效。智慧法院建设的关键在于应用，只有以建设带动应用、以应用促进建设，才能实现信息化建设目的，因此，本次评估的重点不是法院信息化建设的技术架构问题，而是应用效果水平。

基于以上认识，本次评估分为基础指标和加分指标两部分。基础指标包括智能审判、高效执行、自动化管理、优质服务、组织保障五个方面，加分指标是从创新应用维度进行评估，共计6项一级指标，下设二级指标18项，三级指标51项（详见表2-1）。

智能审判指标着眼于信息化是否便于法官办案，减少不同审判部门法官的重复劳动，减少同案不同判现象和司法瑕疵，以提高法官办案效率。该指标包括二级指标8项、三级指标18项。8项二级指标分别是立案提示、文书辅助生成、案件关联、卷宗电子化、电子送达、电子签章、审判流程提示和移动办公办案。

高效执行指标则关注信息化是否提升了法院、法官的执行能力、查控能力，是否提高了执行内外部协同，并为基本解决执行难提供了实质性的帮助。该指标包括二级指标3项、三级指标9项，3项二级指标分别是执行指挥中心、网上执行和执行惩戒。

自动化管理指标主要涉及法院信息化能否助力提升审判管理水平和能力，包含法院审判监督、管理的完备度、自动化办公应用水平、大数据辅助决策能力等内容。该指标包括二级指标2项、三级指标8项，2项二级指标分别是审判大数据分析和办公网络化水平。

优质服务指标主要与法院的信息化系统和手段能否体现司法的公开性和透明度，能否及时、完整、准确地展现法院工作，能否便于诉讼当事人和律师充分行使诉讼权利，立案、庭审是否便利有关。该指标包括二级指标3项、三级指标14项，3项二级指标分别是司法公开、网络建设和远程服务。

组织保障指标主要考察评估对象是否成立了院级的智慧法院办公室等。组织机构的建立体现了法院领导对信息化工作的重视程度，也有助于与上级法院相关部门衔接、统筹协调本法院的信息化建设，智慧法院办公室则是组织保障的主要体现。该指标包括二级指标1项、三级指标1项。

创新应用指标主要考察评估对象在智慧法院创新方面的工作和成绩，即新技术应用、系统的使用情况、可复制可推广的情况，包括能否利用 5G、区块链、大数据、云计算、人工智能、物联网等创新应用，提升法院智慧水平。该指标包括二级指标 1 项、三级指标 1 项。

表 2-1　　　　　　　广州智慧法院建设评估指标体系

指标分类	一级指标	二级指标	三级指标
基础指标	智能审判	立案提示	立案提示
		文书辅助生成	自定义文书模板
			文书自动隐名应用
		案件关联	案件关联功能
			裁审衔接关联
			类案与法规推送
		卷宗电子化	电子卷宗随卷生成
			电子案卷比例
			裁判文书自动生成情况
			数字审委会应用
		电子送达	电子送达平台建设
			电子送达率
		电子签章	电子签章建成情况
			电子签章运用情况
		审判流程提示	审判流程节点提示功能
			审判流程节点提示应用
		移动办公办案	移动办公系统建成情况
			移动办公水平
	高效执行	执行指挥中心	执行指挥中心建设
		网上执行	网上查询
			网上冻结、扣划
			执行案件流程信息管理覆盖度
			网拍率
		执行惩戒	执行惩戒系统建成情况
			限高消费
			弹屏短信应用
			失信彩铃应用

续表

指标分类	一级指标	二级指标	三级指标
基础指标	自动化管理	审判大数据分析	数据智能统计与分析
			案件警示
			人案关联分析
			大数据专题分析
		办公网络化水平	办公网络覆盖情况
			办公OA系统建成情况
			电子公文应用
			内部事务线上管理
	优质服务	司法公开	庭审公开
			审判案件摘要信息公开
			审判案件裁判文书公开
			执行文书公开
		网络建设	信息更新性
			网上立案系统
			刑事案件远程提审系统
			民事、行政案件网上开庭系统
		远程服务	网上立案应用
			在线缴费
			远程接访
			网上调解
			刑事案件远程开庭
			民事、行政案件网上开庭
	组织保障	智慧法院领导组织建设	智慧法院领导小组及办公室建成情况
加分指标	创新应用	创新应用成果	5G、区块链、大数据、云计算、人工智能、物联网等智慧法院创新应用

本次评估以广州法院2015年以来的智慧法院建设成果为重点，主要评估数据的采集时间为2019年4月1日至2020年3月

31日。在广州市中级人民法院信息化建设管理部门的支持下，项目组通过审判管理系统、政务网站等信息化平台，获取了各法院审判流程、网上办案、法规推送、执行查控、网上立案、电子签章、电子卷宗等情况的一手材料及数据。此外，广州中院统一汇集和提供了辖区基层人民法院的审判信息数据，与此同时，项目组对重点法院和重点指标进行了实际验证和记录，如对各评估对象网上建设、审务公开、审判公开、执行公开、互联网开庭等内容，借助信息公司进行了技术检测或者第三方验证。最后，为了精确衡量广州智慧法院在全国法院信息化建设中的水准，项目组还将相关指标与全国法院信息化建设的评估结果进行了横向比较。

第三章 广州智慧法院的建设理念

近年来,广州智慧法院建设取得了不俗的成绩。2017年,广州中院获评全国法院信息化工作先进集体,并在全国法院第四次信息化工作会议上介绍经验。广州智慧法院作为智慧法院品牌参加中共中央宣传部等主办的"砥砺奋进的五年"大型成就展。中央电视台《焦点访谈》栏目和《为了公平正义》司法体制改革专题片等介绍了广州智慧法院建设经验。2019年,在线示范性庭审等十余项工作经验被《中国法院的互联网司法》白皮书收录并在世界互联网法治论坛推广。这些成绩的取得与广州法院智慧法院的建设理念密不可分,观念决定未来,正确的理念是人们行动不致偏误的基本准则。

一 高度重视,有序建设

党和国家将国家信息化放到赢得未来、造福于民的重要位置,基于这一立场,广州法院极为重视信息化的建设,按照"政治建院、公信立院、改革兴院、严格治院、科技强院"的思路,将智慧法院建设作为科技强院的一项重点工作推进,全力保障和落实智慧法院建设的各项任务。信息化建设具有涉及系统多、开发周期长、建设投入大、维护成本高等特点,广州法院各级领导重视是智慧法院规划科学、有序建设的重要保障。2017年3月,广州中院就成立全市法院智慧法院建设工作领导小组，由广州中院院长担任组长，统筹谋划全市法院的智慧法院建设工作。正是因为广州中院领导的重视，广州智慧法院建设能够站位高、措施实、标准高，人、财、物各项保障措施均能迅速落实到位，各类创新项目层出不穷。这一理念在智慧法院建设中主要体现在以下几个方面：一是把智慧法院建设作为"一把手工程"来抓。明确各法院各部门"一把手"是第一责任人，其"既要挂帅，又要出征"，认真履行主体责任；明确分管副院长负责工作的督促落实，对存在的困难和问题想实招、办实事，积极稳妥推进；同时，各牵头部门必须做好工作方案、规程的具体实施。例如，广州中院成立了以院长为组长的信息化建设工作领导小组，在办公室设立了自动化科，专门负责信息化的日常管理工作。二是在全市基层法院建立智慧法院领导机构。2017年，广州中院下发《广州市中级人民法院关于成立全市法院智慧法院建设工作领导小组及其办公室的通知》，要求全市各法院高度重视智慧法院建设工作，成立智慧法院建设领导机构，并将领导机构成立情况向广州中院报备。三是重制度落实，建立责任清单，对智慧法院建设开展督促检查。为了夯实智慧法院建设责任，广州中院要求全市各法院从大局出发，配合做好各个项目的建设、推广、使用工作；各项工作牵头部门定期向广州中院党组汇报工作推进情况，确保工作有序推进。

除了建立健全智慧法院建设的领导机制，广州法院还通过制度化保障信息化建设有序进行：一是健全的管理机构和有效的社会化服务机制。二是成熟的系统引入和资源共享机制。一个业务系统建设从零起步，还需数年的开发和试运行。考虑到这个因素，在系统建设上优先考虑引入成熟系统。2000年底，广州法院把在其他中院应用了5年的审判流程管理系统进行移植，前后只用两个月的时间就在广州两级法院正式应用，大幅节省了前期开发费用。三是必要的经费保障和合理的分配使用。广州法院高度重视经费保障和使用管理，实行信息化建设项目专家设计、咨询制度。在硬件建设方面，首先考虑够用，再考虑适当超前，但不过于超前。在软件开发方面，先审判业务，后日常办公业务；先建立基础数据系统，后建立分析应用系统；先基层应用试点，后两级法院推广使用；优先考虑引入成熟系统，避免自主研发费用过大。四是完善的规划保障制度。避免信息化建设在个别地方出现项目轰轰烈烈启动，快速建设，隆重验收，然后无声搁置，数年后重复投入的现象。五是透明的招标过程和严格的项目审核验收制度。在项目实施前后，除严格按政府采购规定招标、审核验收外，实施专家设计、咨询制度，尤其是复杂项目，专家咨询贯穿设计、实施全过程；实施交叉评阅制度，在工程项目招标文书制作时，将招标文书草稿交有意投标的公司提出商务和技术意见，有效防止招标文书偏向、造成不公；实施试运行后验收制度，项目验收在成功上线后再进行，避免技术性功能完成后就验收，造成仓促开发的系统不实用。上述措施保证了广州智慧法院建设具有一流的规划思路、一流的建设标准和一流的保障水平。

二 尊重规律，面向审判

尊重司法规律，面向审判执行工作是广州智慧法院建设的基本理念，也是广州法院的一大特色。在智慧法院建设过程中，广州法院既注意避免长官意志，即只考虑法院领导或者技术公司的思路、不研究司法规律的现象，也尽量绕开过于侧重审判的管理监督，服务法官和服务当事人的功能开发相对不足，导致用户体验较差，服务对象没有切实体会到信息化带来的便利，信息化建设甚至给法官和当事人造成了额外的负担的误区。因此，广州在智慧法院的建设过程中，坚持法官在智慧法院建设中获益、审判执行质量效率提高、人民群众真正在每一个司法案件中感受到公平正义的理念，尊重司法规律，围绕法官需求研发系统、解决问题。在组建智慧法院建设领导小组时，邀请刑事庭、商事庭、金融庭多位经验丰富的一线法官参加，平衡这些法官参与智慧法院建设和日常办案工作的关系，为他们参与智慧法院建设创造良好的条件，提供充分的时间和精力保障。其间，由法官提出业务需求，领导小组根据需求确定信息化建设具体项目和内容，重点解决一线办案人员在实际应用过程中的痛点、难点问题。此外，广州中院还邀请了办公室综合科、研究室、宣教处、审管办、立案庭、行装处等部门参加智慧法院建设，群策群力，形成智慧法院建设的合力。广州法院以执法办案为中心，以尊重司法规律为出发点，切实提升了法官智慧办案体验的舒适度和便利度，得到了广大干警的认同，为广州法院审判执行工作的高速发展以及司法的质量、效率和公信力提升打造了坚实的信息化基础。

三 需求导向，服务群众

为人民服务是我党的宗旨，也是历经挫折最终立于不败之地的政治优势。这决定了人民法院信息化的最终目的必须是提升人民的福祉，是否成功的标准是人民司法需求能否得到有效保障。广州法院推进智慧法院建设的方向定位是以人民群众的需求为导向，为最广大的群众提供最优质的服务。诉讼服务的"用户"是人民群众，法院信息化不只是法院内部的信息化，而是面向社会的信息化。法院信息化应当以司法便民、利民、惠民为目标，搭建与民沟通、为民服务的桥梁，满足人民群众的知情权、表达权、监督权，充分保障人民群众多元化司法需求。只有充分掌握人民群众的司法需求，才能有针对性地提供优质高效的司法服务，实现法院信息化的最终目的。广州法院在推进智慧法院建设时，重视调查研究，从现实出发、从需求出发，从诉讼中存在的问题出发，将信息化建设与审判业务系统、诉讼服务中心、司法数据中心等深度融合，注重在实际运用上下功夫。例如，广州法院分析了当事人通过 12368 诉讼服务热线提出的近 50 万条诉讼服务事项的数据，发现案件进展查询的便捷度是当事人最关心的问题。2017 年，在充分调研的基础上，广州中院设计"广州微法院"小程序建设方案时，从最需要解决的问题入手，以点带面不断完善功能，整合律师通 App、审务通 App 和微信公众号等移动服务平台的诉讼服务功能，使"广州微法院"功能得到完善，用户体验得以提升。广州法院在智慧法院建设过程中坚持需求导向，着力解决诉讼服务中的实际问题，使当事人降低了诉讼成本、减少了诉累，增加了与法院之间互动和互信，提升了司法满意度，成为广州智慧法院能够取得诸多成绩、在法院信息化舞台上独树一帜的重要原因。

四 面向未来，开放融合

面向未来做好信息化规划，保持开放心态，不断融合新技术是广州智慧法院建设不断推陈出新的力量源泉。广州法院在夯实智慧法院基础设施的同时，加强智慧法院建设系统规划，保持开放的心态，不断将最新的科技创新成果成功应用于广州法院审判执行工作实践中。一方面，为确保智慧法院建设具有前瞻性和可持续性，广州法院 2004 年以来先后制定五个"三年规划"，近年来又先后出台《关于加强智慧法院建设推进审判体系和审判能力现代化的实施意见》《关于深化智慧法院建设推进落实营造共建共治共享社会治理格局走在前列工作方案》等规范性文件，明确智慧法院的建设目标、框架、具体措施和推进时间表，以确保信息化建设生根发芽、开花结果。另一方面，广州智慧法院建设是一个不断开放融合的过程。以架设当事人与法官的沟通平台为例，在通信时代，广州法院率先开通了"12368"诉讼信息服务平台；在智能手机时代，广州法院又运用云计算、移动互联技术，上线了"审务通""律师通"手机App；2017年1月，微信小程序上线，广州法院又敏锐地发现微信小程序具有使用面广、安装便捷等优势，在当年10月就率先开发启用"广州移动微法院"，并不断完善其功能。在与当事人沟通方式不断升级迭代的过程中，广州法院始终秉持着开放融合的心态，开放地迎接一切新技术，融合一切可以为我所用的新技术，第一时间将5G和区块链技术融入智慧法院建设中。这种积极的心态保证了广州法院在智慧法院建设过程中能够勇于创新，从PC时代到移动端时代，不断保持一定的领先优势。

第四章　广州智慧法院的主要实践和经验

最高人民法院制定的《人民法院信息化建设五年发展规划（2019—2023）》，对建设人民法院信息化3.0版提出了要求，要求全国法院信息化建设应完成四大类55项任务，涉及顶层设计、系统建设、强化保障体系、提升应用成效等内容。广州法院在智慧法院建设过程中，提前布局规划，加大基础设施建设，加快信息化应用，紧紧抓住移动互联3.0时代机遇，坚持问题和需求导向，全面探索"法律＋互联网"领域，将移动互联领域作为广州智慧法院建设的重点内容，开发启用"广州微法院"微信小程序、"律师通"手机App、"法官通"手机App、"移动执行"手机App等软件，打造广州法院全业务掌上融合的移动服务体系，满足当事人、律师、法官等不同主体多元需求，深化区块链、5G等新技术在网上审理平台的应用，有力促进司法过程更加透明公正、诉讼服务更加便捷高效、司法裁判更加公正。目前，广州法院已经建成以法院内网、外部专网和互联网三大网系为支撑，全市法院跨界融合，以"互联网＋"技术支撑、以大数据驱动为特点的智慧司法体系。

一　服务一线，让法官专注于审与判

广州智慧法院建设过程中秉持"尊重规律，面向审判"的理念，坚持法官需求导向，帮助法官将有限的时间精力集中在"审"与"判"，提升审判工作质效。

（一）构建全业务网上办理平台

由于办案任务繁重，传统的办案方式让法官不堪重负。广州法院上线"法官通"移动服务平台，实现全业务网上办理，利用移动专网实现与后台数据对接，辅助法官突破时空限制，实现随时随地掌上办公办案，满足了法官远程办案、远程办公等需求，缓解了法官的办案压力。

1. 随时随地在线阅卷、合议

广州法院每个干警配备有"法官通"手机 App 安全移动终端，支持人脸识别安全登录，解决了传统模式下困扰法官办案的问题。如合议庭成员通过审判综合业务系统、"法官通"手机 App 接入合议管理系统后，可随时通过电子白板直接引入卷宗材料进行展示，通过语音、文字发表意见，并查看合议庭其他成员的发言内容。合议结束后，自动生成书面合议笔录，解决了合议庭必须全员在场才能合议的问题。所有通过"法官通"手机 App 形成的诉讼材料均可以同步回传到广州法院"审判云平台"自动入卷归档。

2. 辅助工具提高办案效率

"法官通"手机 App 除具备管理在办案件、调阅电子卷宗、在线合议等核心办案功能，还具有以下多种功能：视音频取证、语音转写文书等辅助办案功能；安排开庭、申请变更审限、自动生成办案日志、结案报结等审判管理功能；答复 12368 咨询、信访管理等管理诉讼事务功能。以往法官在外调查取证时，需要使用相机拍摄，回到法院手工将照片导入审判系统，并登记相关信息，但这种操作容易出错或者遗漏。使用手机 App 终端，法官直接拍照，现场回传至审判系统，并登记相关信息即可，极大地提高了取证效率。法官在外出办案时，使用法官通 App

语音转写功能，可以快速记录所思所想，使办案过程及裁判文书撰写更加流畅；使用远程合议功能时，可以使用语音转写功能，加快合议进度。广州法院 12368 诉讼信息服务中心每年办理的当事人各类诉讼服务咨询、信息中，部分事务需要法官限时处理。在出差、外出办案等情况下，法官通过手机 App 随时查看、办理 12368 诉讼服务事务，可以更快更及时地回应当事人需求。

3. 移动办公加快行政事务流转

在满足法官办案业务需要的同时，"法官通"手机 App 也是行政事务小助手。广州中院已实现办公全程信息化，所有行政事务均可通过办公内网流转、处理，但以往法官只能通过电脑处理，时空上受到限制。如遇到外出学习、出差等情况，容易出现干警申请不及时、领导审批不及时等情况，影响工作效率。"法官通"手机 App 上线启用后，内网办公系统功能逐步迁入手机 App。例如，法官可以在"法官通"App 上面查看内网消息公告、查阅办理公文；院、庭领导可以在法官通上面进行用车审批、休假审批等，不再受到时空限制。

（二）打造智审辅助办案系统

"智能审判"推进全方位智能化辅助办案机制，促进了审判辅助性事务的集中管理，为法官剥离了大量的事务性工作。广州法院平均每天产生 2500 条收结案案件信息，历史案件数字信息超过 300 万条。基于海量案件数据，广州法院建立了庞大的案件特征库，通过智审辅助裁决系统辅助办案，实现了立案风险主动拦截、电子卷宗文字识别、案件智能画像、庭审自动巡查、法条及类案精准推送、辅助自动生成文书、文书瑕疵自动纠错、裁判风险偏离度预警等智能辅助功能，促进了审判质量效率提升。

一是推送裁判参阅信息。广州法院成立类案识别重大项目攻关小组，按照"建立模型、特征学习、有效应用"思路，以醉酒驾驶、劳动争议等法律关系相对简单、裁量尺度相对固定、规模效应明显的案件为突破口，探索基于司法人工智能的计算机辅助裁判技术，实现类案识别与推送。法官可根据案件要素、争议焦点检索、参阅与在办案件关联度高的法律法规、最高人民法院指导性案例、公报案例、本地案例、裁判文书说理段落和裁判评析文章，最大限度统一裁判尺度。依托司法数据库实现关联分析，通过案件画像技术匹配与在办案件案情相似、内容相关的案件，法官通过关联信息对案件全局进行判断，最大限度避免重复诉讼、虚假诉讼。

二是智能提取案件要素。广州法院按照"从图片、语音到文字，从文本到结构化数据"的思路，从当事人提供的纸质材料、办案人员形成的文书材料、庭审语音数据等各类材料中提取案件信息，为撰写裁判文书提供文本基础。

三是建立专家辅助系统。由法律专家对最高人民法院公布的指导性案例、公报案例的裁判要点进行人工标注，结合专业法官团队设计的案件模型进行机器学习，广州法院构建了以法律知识图谱为框架的专家辅助系统。例如，在刑事案件的侦查和审查起诉阶段，帮助公安、检察机关识别重大、敏感案件，明确罪与非罪界限，指引办案方向；在审判阶段，为法官推送地域、案由、争议焦点等多角度类案和量刑趋势、学术观点、说理段落，为案件审理提供判例和理论支持。

四是建立证据智能审验系统。对于事实复杂、证据繁多的案件，借助语义分析技术，对起诉书、代理词、辩护意见、庭审笔录、审理报告等核心卷宗材料进行自然语言理解，抽取关键信息。以卷宗关键信息为参照，对经过质证的证据材料进行机器阅读、整理、归纳、分析，并进行类型化处理，进一步抽取影响案件裁判的关键证据。借助类案模型，自动标注核心案件事实与关键证据的关联关系，帮助法官审核、校验全案证据链。

五是实现文书瑕疵自动纠错。广州法院通过完善系统功能，实现对海量裁判文书进行关联分析，主动发现裁判文书中人工不易察觉的逻辑错误、法条引用错误、符号错误等问题，实现系统自动更正提醒。2016年以来，通过广州审判网反馈的文书错误月均仅3—4处，与该功能实现前相比大幅降低。

六是辅助生成法律文书。对于大部分案件，需要制作的文书中，制式法律文书、裁判文书中的制式部分占了很大比例。程序性文书、裁判文书中的制式部分自动生成，将减轻法官相当一部分工作量。广州法院智审系统支持将经过提取加工的立案、庭审、合议等环节形成的案件信息，回填进诉讼文书，生成裁判文书的制式部分。智审系统启用后，大部分制式文书、减刑假释等发生频率高但内容相对固定的程序性文书均可实现"一键生成"（见图4-1），法官可以集中精力撰写"本院认为"部分。

七是诉讼档案卷宗全部实现电子化。诉讼档案卷宗是法官审判工作中利用频率最高的材料之一，法官在审案中需要频繁调阅卷宗，传统的纸质案卷不仅要耗费审判人员大量时间，也不利于卷宗档案的保管，诉讼档案电子化是很好的出路，基于此广州法院全面实现了诉讼档案电子化，目前已对68万件案件进行了影像化处理，并实现信息化管理。审判人员，公安、检察、司法等外单位人员，案件当事人及代理律师可以按照身份权限通过审判综合业务系统、广州审判网、手机App等媒介远程查阅电子档案。管辖权异议上诉案件等程序性案件也不再需要移送一审卷宗，大大节省了办理时间。此外，在诉讼过程中新形成的材料，系统可以在扫描后自动判断材料类别并装入相应电子卷宗目录，便于法官在办案、网上合议等工作中，随时利用各类电子档案。

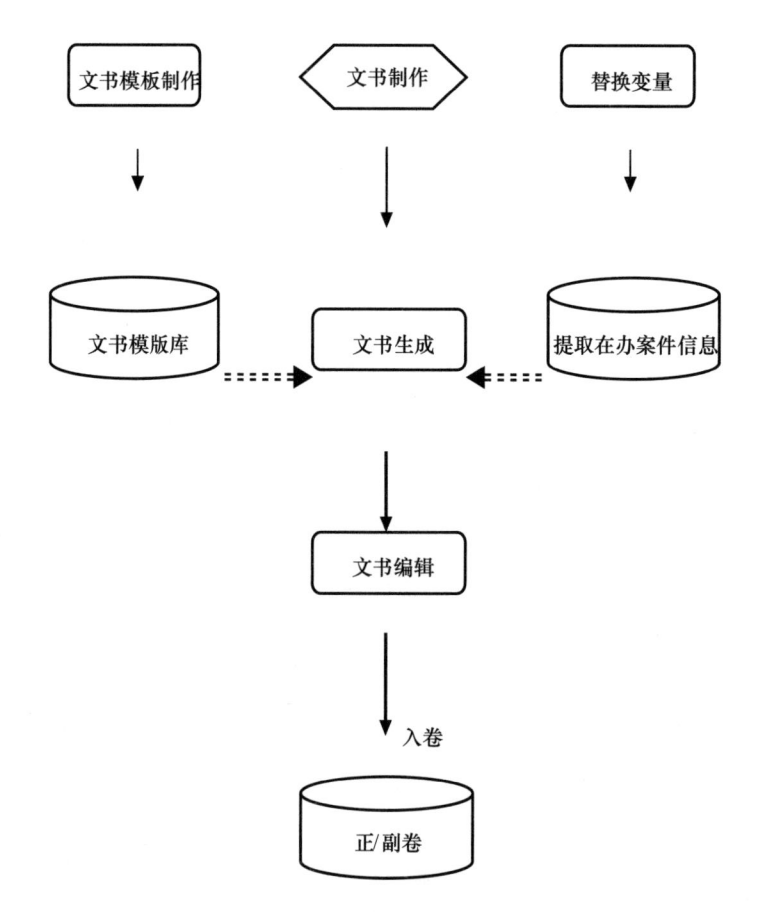

图 4-1　广州法院审判综合业务系统法律文书自动生成示意

（三）智能化方式实现智慧庭审

开庭审理是法院审判程序的核心阶段。广州法院在智慧法院建设过程中，着力开发一系列智能庭审系统，将科技法庭系统与电子卷宗系统融合，支持合议庭辅助阅卷、电子质证、语音记录、自动生成庭审提纲、归纳争议焦点等功能，积极构建全程无纸化庭审模式。截至 2019 年底，全市法院共建有 632 个数字法庭。

一是法庭集约管理调配。广州法院将数字法庭进行集中管理、统一调配、智能排期。数字法庭全部支持庭审网络直播和"三同步"记录，并可以供全市法院异地共享使用，有力地解决了广州法院法庭资源不足的问题。

二是远程视频开庭。目前,广州法院已建立113套远程视频开庭系统,实现远程提讯、远程开庭、远程作证。2019年3月,广州互联网法院在当地通信公司支持下开展了全国首场5G远程庭审,使在线庭审更加流畅、便捷、高效。2019年,广州中院上线了智慧破产审理系统,支持60万人远程参加债权人会议和在线投票,为债权人行使权利提供极大便利。在刑事审判中,法官、检察官、监狱干警、罪犯通过远程视频开庭系统分别在法院、检察院、监狱参加庭审活动,极大地减少了提押被告在途时间。庭审结束后,书记员通过平台即时向监狱法庭传输笔录,罪犯在智能终端通过指纹采集器在笔录上捺印。最早启用远程视频开庭系统的越秀区法院,一个刑事速裁法庭每天开庭案件从8件左右大幅提高到20件左右。

三是推行庭审记录方式改革。在传统庭审模式下,法官开庭节奏受书记员记录速度制约,庭审效率往往不高。2016年12月底,广州法院引入语音识别引擎技术,庭审过程中对不同庭审角色单轨收音并进行文字转录,在后台根据法言法语规整规则对文字进行调整,自动生成庭审笔录,庭审记录速度由人工记录的120字/分钟提升到200字/分钟,庭审时间缩短30%以上。

(四)优化送达方式实现"送必达"

"送达难"一直是法院民事诉讼的一大顽疾,送达周期长、直接送达率低,严重制约诉讼效率的进一步提升,也浪费了大量的司法资源,成为制约办案效率的主要因素之一。

广州法院是全国最早采用电子邮件方式送达民事诉讼文书的法院之一。2013年6月,电子邮件送达系统在天河区法院试运行;2014年底,全市法院电子邮件送达平台全面启用。2017年,在新修订的《中华人民共和国民事诉讼法》第87条增加传真、电子邮件等作为诉讼文书的送达方式后,广州法院继续完善电子送达机制,拓宽电子送达渠道,优化电子送达方式,推动送达模式重构。

1. 拓宽受送达人信息采集渠道

一是推进与政府数据资源互通共享。与广州市"四标四实"标准地址数据库对接工作取得实质性进展,市工信委批复同意法院实时获取市政府信息共享平台49家职能部门的70亿条数据,可实时查询全市900余万外来人员暂住信息及1300余万条人口、企业的标准地址、家庭成员、从业人员等详细信息。

二是通过三大通信运营商获取有效手机号码,建立通信数据信息快速反馈机制。三大通信运营商在收到法院发送的案号、受送达人身份证号码信息后,以日为周期反馈受送达人活跃有效的手机号码,方便法院通过电话、短信等方式联络受送达人。2019年10月该送达方式启动,短短两个月时间就获取59名未留下联系方式的受送达人手机号码并成功送达,使本需公告送达的案件提前三个月开庭。测试完成"弹屏短信"功能,通过特别端口向受送达人推送手机端送达信息,受送达人阅后方可关闭短信。

三是通过邮政公司获取受送达人有效通信地址信息。协调当地邮政公司向法院提供百万数量级的本省居民身份证、护照、港澳通行证地址信息,极大拓宽有效通信地址信息获取渠道。

四是推进行业送达地址共享工作。通过广东省银行业协会、保险业协会等行业协会修订银行、保险行业标准合同,约定合同确认的地址可用于接收诉讼、执行文书。积极推进与广州市仲裁委送达地址共享工作。

五是规范立案阶段送达地址确认工作。在网上、掌上等诉讼服务全平台增加送达地址确认填写指南,提示隐瞒送达地址信息的诉讼风险。仅2019年一年,就线上确认当事人送达地址信息3422条。

2. 大幅压缩送达耗时

一是上线广州法院智慧送达平台。广州法院整合网上立案、电子送达、"广州微法院"小程序、邮政"E键送达"等多平台功能，建成智慧送达平台，实现送达工作统一管理、一键送达、全程留痕、随时可视、实时可查。系统可以自动反馈各类送达情况，记载签收时间，固化送达内容，并自动生成送达回证。综合送达平台启用后，送达专职人员数量同比减少50%，民事案件首次送达成功率大幅提升，因送达困难造成的案件反复延期现象大为减少。

二是邮政公司辅助送达工作。智慧送达平台实现与邮政系统内网数据对接，送达员审核后将相关送达文书、送达信息推送到邮政公司，邮政公司安排专人打印、封装、登记并直接寄送，送达员可直接在智慧送达平台实时查询路由信息、投递状态，极大地减少了法院送达人员工作量。

三是智能送达专柜实现全天候送达。法院在诉讼服务中心设置智能送达专柜，送达员将送达文书投递到送达专柜后，系统自动发送短信通知受送达人，受送达人可全天24小时随时自助领取送达文书。

四是提高电子送达适用率。从2018年5月起，明确网上立案、当事人为法人或其他组织、有律师代理的案件，原则上全部适用电子送达方式送达。2019年，广州法院当事人确认电子送达案件13098件，成功发送电子邮件案件4570件。

五是探索委托代理律师直接送达制度。制定出台《关于开展委托代理律师直接送达工作的若干规定（试行）》，2018年6月15日广州中院和黄埔法院、南沙法院开展委托代理律师向其他当事人直接送达试点。

3. 健全送达工作机制

一是出台配套制度。制定实施《广州市中级人民法院关于完善送达工作机制进一步提高送达质效的若干规定（试行）》，对主要送达方式的任务发起、送达要求、时限和结果反馈等关键环节和时间节点作出明确规定,建立送达工作动态管理监控机制。

二是推行快审案件简便送达机制。建立快审案件送达快速通道,原则上快审案件全部通过电子送达或电话、短信、微信、即时通信软件等简便送达方式直接送达。试运行快审案件公证辅助送达工作机制,2019年公证辅助送达人员送达案件249件。

三是规范公告送达。从严审查适用公告送达方式,2019年公告送达案件占比15.56%,同比下降10.32个百分点。拓宽公告送达发布渠道,2019年以来通过新华网等网络渠道发布送达公告40116件,发布用时从20天左右压缩到2个工作日以内。

四是加强对邮寄送达的管理监督。与邮政公司制定《广州市法律文书寄递项目操作规范》,有效解决"查无此人"、地址不详、拒收、代收人身份不明等造成的投递不成功问题。建立邮寄送达质量双向通报制度,邮政公司每季度提交邮寄送达分析报告。通过夜间送达、提高投递频次、强制绑定回执等措施提高送达成功率。2019年邮寄送达成功率达88.04%,同比提高15.5个百分点;回执合格率达98.11%,同比提高15.4个百分点。

(五)塑造互联网审判新模式

2018年以来,广州法院以广州互联网法院成立为契机,开始打造新的互联网审判模式。双方当事人同意通过互联网在线审判的案件,诉讼全流程在网上运行,当事人足不出户可参与全部诉讼活动。广州互联网法院院长在全面依法治国论坛暨实证法学研究年会(2019)的"中国互联网法院高峰对话"中指出,广州互联网法院全流程在线审理的案件比例超过95%,[①]

[①] 陈甦、田禾主编:《中国法院信息化发展报告 No.4(2020)》,社会科学文献出版社2020年版,第321页。

逐步实现了"网上案件网上审"的目标。

广州法院互联网审判新模式体现在以下三个方面。

第一，创新案件审理方式。依托广州互联网法院，打造符合互联网发展规律的裁判规则体系、司法科技体系、审判方式体系、审理规则体系、多元解纷体系和网络治理体系。成立一年多以来，广州互联网法院案件平均审理耗时36天，平均庭审时长25分钟，电子送达覆盖率99.97%，电子送达成功率98%，在线立案率99.98%，员额法官人均结案1100余件。① 该法院还首创了在线交互、在线联审、在线示范性庭审等涉网案件审理模式，有效破解异地当事人开庭时间"协调难"问题。广州中院则创新涉网纠纷二审审理机制，率先实现了二审案件远程质证、异地当事人"刷脸"庭审。

第二，强化区块链等技术对在线审判的支撑。依托区块链不可篡改、可回溯特性，创新电子数据真实性认证方式，广州互联网法院会同当地司法行政机关、电信运营商、互联网企业等50余个单位，共建"网通法链"智慧信用生态系统，构建可信电子证据平台及司法信用平台的"一链两平台"系统，实现了电子数据规范存储、安全调取、便捷认证，深度挖掘多方信用数据，并创新"一键调证"方式，当事人仅需提交存证编码，即可完成数据调取及电子摘要值的智能比对验证，有效提升了群众诉讼体验。截至2019年底，该平台已存储各类电子证据达4600余万条，以电子数据真实快速固定、合理采信推动审判公正高效。

第三，完善在线诉讼规则。2019年，广州互联网法院发布全国首个在线庭审规范性文件——《广州互联网法院在线审理规程》，明确诉讼参与人行为规则、证人作证规则。此外，还制

---

① 《广州互联网法院白皮书（2019）》，内部资料，2019年9月28日。

定发布电子证据认证规则、电子送达规则等规范14项，推动在线诉讼规范化，增量保障当事人诉讼权益。南沙区法院在全国率先制定互联网电子数据举证认证规程，规范互联网电子证据的具体运用。

（六）实现审判信息内外联通

广州智慧法院建设过程中高度重视各类审判信息的内外部共享和联通。在法院内部，建成了业务网上办理、流程全面覆盖、数据互通共享、系统辅助裁判的智能办案系统，充分发挥各个诉讼环节产生的数据价值，最大限度地减少输入工作量，最大限度地提供有效参阅信息，最大限度地突破时空限制随时办案（见图4-2）。

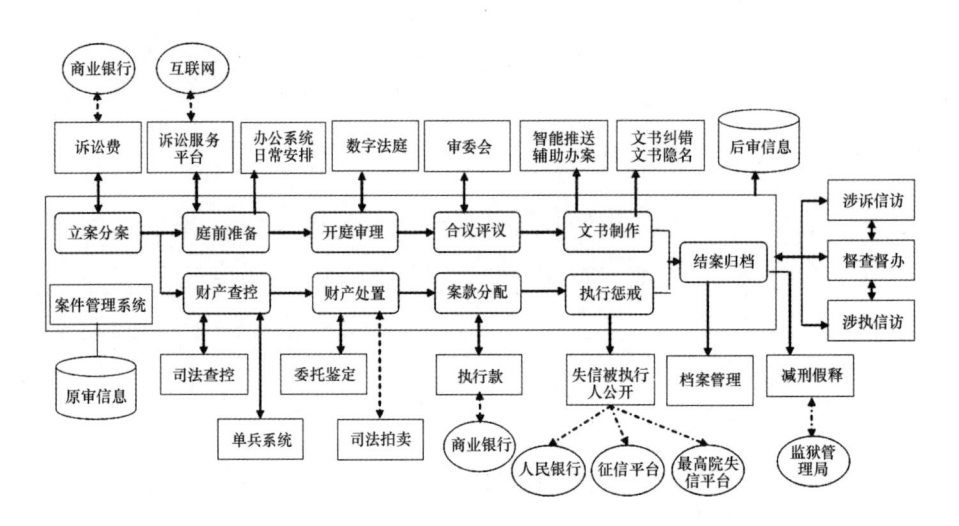

图4-2 各类数据在广州法院各信息系统中的关联关系

在刑事审判领域，广州法院在全国率先建成以业务协同办理、流程全面覆盖、数据即时传输、信息互通共享为特点的减刑假释信息化协同办案平台。办案平台由罪犯电子档案数据库和监狱报请系统、法院审理系统、检察监督系统等"一库三系统"组成。在立案阶段，可以抓取信息自动立案。在侦查、审查起诉、审判各阶段,公安、检察、法院可随时利用电子卷宗,实现一次录入、全程共享、一键检索、全局支持,提高政法机关协同办案效率。

在网络治理领域,广州互联网法院联合80余家单位共建了数字金融协同治理中心,强化互联网金融综合治理。此外,该法院还推出互联网司法信用报告,对于守法守信的当事人,征得其同意后,向市场监管、金融和征信机构推送当事人司法信用优良评价信息;对于违法失信的当事人,将相关评价信息作为个案执行中采取限制消费、网络曝光、纳入失信被执行人名单等执行措施的参考,推动网络空间诚信建设。[1]

二 联网联动,努力实现"执必果"

广州法院将"智慧执行"纳入智慧法院体系,形成执行与科技相融合的执行工作新模式,助力"执必果"目标的实现。

(一) 网络查控缓解"查人找物难"

1. 建设"点对点"查控网络,实现"一站式"查询

查找被执行人财产是金钱给付类案件执行的第一步,也是案件顺利执结的关键。在传统"登门临柜"式的执行模式下,财产查找的效率极低,面对恶意赖账的失信被执行人,执行法官经常无计可施。最高人民法院"总对总"财产查控网开通后,网络查控开启了新模式。由于客观原因限制,"总对总"财产查控网初期的查控范围集中在银行业金融机构,而且多数只有查询功能,对财产的冻、划、扣还需要现场办理。在最高人民法院"总对总"、广东法院"点对点"查控

---

[1] 中华人民共和国最高人民法院编:《中国法院的互联网司法》,人民法院出版社2019年版,第29页。

基础上，2016年6月，广州法院建设的"天平执行查控网"正式上线运行。该系统包括一个执行案件管理核心系统以及网络查控、远程监控、执行网等若干个子系统，查控范围覆盖至存款、理财、基金、土地、房屋、车辆等最重要的财产类型，以及人口户籍信息、企业工商登记资料等被执行人基本信息，对房地产、车辆、银行存款的查询、冻结和划扣全部可在网上完成。不仅如此，广州中院与公安机关建立协作机制，对于决定采取强制措施的被执行人，决定查控的车辆等，通过网络发送协助请求，由公安机关查找、定位，协助控制。例如，广州中院执行局法官曾通过广州"天平网"发现被执行人名下有车辆，通过大数据平台将查控车辆的信息共享给公安部门，公安部门在道路、卡扣监控中发现了这辆车的行踪，并成功将车辆扣留。

2. 开发全网络化查询流程，实现查询"一键完成、当天反馈"

通过信息化技术，广州中院将"天平网"查询功能集成在办案业务系统中，执行法官可以通过办案系统，一键式完成查、冻、扣的操作。广州中院与银行、国规、住建、公安等各联动单位之间通过网络专线建立链接，除查询可通过系统实时自动完成外，执行法官可将冻结、查封、划扣请求发送到"天平网"，由专门的查控人员汇总打包，再以标准化的数据格式集中发送至各协执单位，协执单位办理完协助事项后将结果反馈至"天平网"，执行法官在自己的业务系统中即可接收到反馈结果，整个过程一天之内即可完成。

3. 建立区域化网络协作机制，实现"点、线、面"全方位覆盖

广州中院积极探索横向联动，推动形成大湾区执行大联盟。粤港澳大湾区是中国经济最活跃的地区之一，存在大量异地执行案件。由于各地区网络查控系统各自独立，不能实现信息共享，不能发挥最大作用，更无法体现出信息化建设的最大优势。2017年，广州中院与佛山中院签订了《广州、佛山两地法院同城化建设司法协作框架协议》，建立"广佛同城"执行协作协助工作机制，就被执行人在本辖区内的财产查控、送达、对失信被执行人的联合信用惩戒等方面展开全面合作，形成"片对片"区域查控新模式，解决异地执行、委托执行中的财产查控效率低下问题。依托该机制，佛山51家职能部门可实时反馈财产查询结果。在广佛协作协助机制模式基础上，广州中院积极与大湾区内地9市法院沟通协调，推进"大湾区内地法院执行协作平台"建设，基本实现了湾区内法院查控一体化的格局。

（二）智能执行指挥"三位一体"

广州中院执行指挥中心依托信息系统归口负责全市执行案件的网络查控和案件快速流转，实现对广州法院执行工作的统一管理、统一指挥、统一协调。

1. 建成"三位一体"智能执行指挥中心

"三位一体"是指智能指挥中心集查控、指挥、管理功能于一体，广州法院执行指挥中心"三位一体"实体化运作，各基层法院执行指挥中心全部接入广州中院执行指挥中心，中院对全市执行工作进行实时指挥、统一调度。广州法院集中办理两级法院网上财产查、控、划业务，在将案件分配给执行法官前，由执行指挥中心对财产进行集中查、控、划，极大地提高工作效率。"三位一体"智能执行指挥中心实现执行案件科学调配、全流程管控，资源组织、统筹协调、集中指挥的能力都得到大幅提升，形成了全市法院上下联动、反应快速的执行联动格局。2019年，广州中院执行指挥中心天平共查控查询1448769次，控制12988次。

2. 上线执行大数据管理分析平台

在执行大数据管理分析平台上，可以对两级法院的全部执行案件进行全流程、可视化的实时监控。执行案件流程节点预警系统对财产查控、处置、执行款到账等9个关键环节进行动态管理、逐级预警、限时督办。

3. 开发执行可视化展示平台

广州法院执行可视化展示平台是整合人民法院执行案件流程管理、全市法院执行案件管理、信访管理、事项委托管理、指挥协调、远程单兵等应用系统的集成平台，具有执行管理、执行监督、执行协调、远程指挥等全方位功能，是全市法院执行工作的"数据库"和"调度室"。该平台几乎所有执行应用系统都实现了一体化、可视化、规范化、便捷化、和实时化（见图4-3），切实提高了广州法院执行工作的效率。

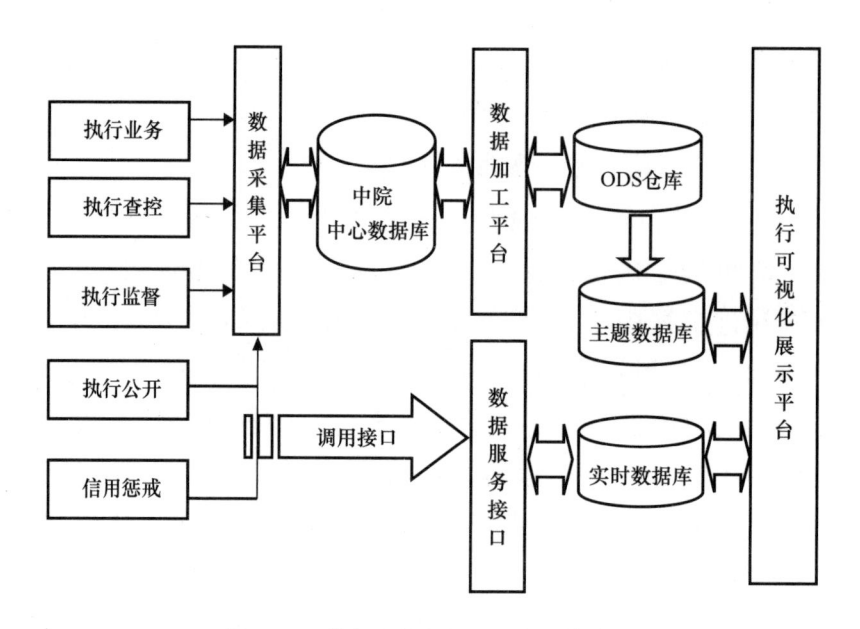

图4-3 执行可视化展示平台系统架构

（三）执行流程节点管理规范化

1. 完善执行全流程节点管理功能

最高人民法院确定了执行案件必备的37个主要流程节点后，广州法院对这37个节点进行了再区分，确定其中的25个为关键节点,分预执、查控、实施、结案四个阶段,开发与全国法院执行业务系统相匹配的全流程节点管理功能。在立案阶段,通过办公系统、"法官通"App 和短信及时提醒执行人员。在执行过程中,在每个节点时限届满前 48 小时仍未处理完毕的,通过手机短信提醒案件经办人;如果超期未处理,则以督办信息和手机短信两种方式,提交庭、局领导督促,同时将案件设定为"锁死"状态,在完成前一节点事项,并经领导审批解锁后,方可进入下一节点办理;所有审批流程均在网上完成,电子档案同步生成,执行过程全部留痕。

2. 完善执行异常警示、筛查功能

广州法院根据执行工作规律,编制标准化执行工作流程。立案后,对于每一个节点和具体实施行为,系统自动在后台进行对比,对于过程化扫描产生的文件进行识别,对于连续或明显偏离标准工作流程的,主动向分管庭、局领导以及廉政监察员预警;对于明显违反流程节点,经庭、局领导督办后仍未有进展的案件,将相关信息推送到院纪检监察部门进行筛查、甄别;所有诉讼文书均要求在系统内生成并流转、审批,不允许任何实施行为案外运行,避免出现当事人申请恢复执行案件被人为拖延的情况。

3. 完善终本案件集中管理功能

现实中,各地法院常出现无财产可供执行案件终结本次执行的程序标准和实质标准把握不严、恢复执行等相关配套机制应用不畅情况,当事人往往对此反应强烈。针对这个问题,广州法院根据最高人民法院关于终结本次执行案件的相关规定,制定终本案件正面清单和负面清单,在结案环节由系统自动对比,并与执行日志、电子文档进行智能核对,任一条件不满足时,不能结案。庭、局领导在结案审批时,可倒查相关条件,严格把控终结本次执行标准。利用终结本次执行案件集中管理系统,自动抓取以"终结本次执行"方式结案的案件,进行专人专库管理,专人跟踪定期财产查询情况和处理当事人提交财产线索,满足条件的及时予以恢复执行。

4. 完善执行款物全流程管理功能

根据最高人民法院修订后的《关于执行款物管理工作的规定》,广州中院在全面落实"一案一账号"的基础上,将执行款和标的物进行专门管理,开发具有全程留痕、动态管理、分级预警等特点的智能化统一管理系统。一是案款、标的物全流程网上留痕,从案款到账、标的物查封开始,每个环节都在网上流转,以便实时监控;执行人员可在网上实时查阅承办案件执行款,并通过网络下达退结指令,系统根据指令金额大小和审批权限自动流转或指定流转至审批领导处,审批后再流转至财务处。二是随时可对全市法院执行款进行统计,厘清账目明细,分门别类进行标注,做到心中有数,便于总体掌握,也有助于保证数据的完整性和透明性。三是与执行业务系统同步,执行人员无法干预也无须干预,避免出现漏录、错录现象;同时,执行款、物的流转,可自动触发短信通知,及时通知执行人员和当事人。四是集成二维码识别功能,与微信、支付宝等移动支付平台对接,继诉讼费后,支持执行款通过扫码支付,极大地方便了当事人处理相关事务。

(四)信息共享破解"信用惩戒难"

1. 健全失信惩戒联动机制

在广州中院积极推动下,广州市委办公厅、市政府办公厅2018年10月联合出台《广州市贯彻落实〈关于加快推进失信被执行人信用监督、警示和惩戒机制建设的意见〉的实施意见》,将中央确定实施的11类37大项惩戒措施扩充到13类41项惩戒措施,新增对非传统型理财产品、住房公积金账户、破产企业资金的查询、控制,对居民最低生活保障、特困人员救助供养、门牌住址信息等的查询项目。全市44家职能部门纳入失信惩戒联动机制,通过网络平台对交易、消费、授信、荣誉、市场准入、政策支持等生产生活全过程内容进行信用惩戒。2016年至2019年,全市法院通过网络、报纸等公开失信被执行人218992人次,限制消费268328人次,罚款4780.58万元,拘留拘传940人。

2. 实现失信被执行人大数据画像与"云惩戒"

2018年6月,广州法院失信被执行人名单库正式对接广州市工业和信息化委员会大数据局信息共享平台,与户政、人社等职能部门实现13类70亿基础数据的双向共享。一方面,依托数据共享平台初步实现对失信被执行人身份、信用情况的大数据画像;另一方面,将20万条失信被执行人信息精准导入全市各行政业务系统,实行每日更新机制,各职能部门识别失信被执行人身份后在各自职责范围内对其进行自动识别、控制、拦截,实现"云惩戒",评估期间,广州法院共发送弹屏短信7561条,设置失信彩铃488条。

3. 向失信被执行人生活圈精准推送失信信息

广州中院统筹互联网公司、通信运营商资源,借助现代科技手段进一步压缩失信被执行人生活空间。与今日头条App合作,在失信被执行人经常居住地周边20千米内,通过手机App精准推送实名失信公告。与三大通信运营商合作,为失信被执行人设置失信彩铃,提示来电人提醒失信被执行人及时履行义务,取得了较好效果。

(五)网络处置解决"财产变现难"

1. 全面推行网络司法拍卖机制

广州中院出台规范网络司法拍卖的23条措施,全面提高了规范化水平。网络拍卖机制将网络司法拍卖的线下辅助工作交由社会机构或者组织承担,使网络拍卖大幅提速。2019年,全市法院网络司法拍卖12120件,成交2980件,成交额88.5亿元,标的物成交率79.2%,溢价率44.6%,为当事人节省佣金3.1亿元;流拍率、降价率、拍卖成本明显下降。

2. 率先推行财产网络询价机制

为解决传统委托评估模式的程序耗时长、当事人花费高、价格争议大等问题,2018年8月28日,最高人民法院(以下简称最高法)发布了《关于人民法院确定财产处置参考价若干问题的规定》。2018年6月,广州中院就制定出台《广州市中级人民法院执行局关于确定司法拍卖保留价的操作细则(试行)》,明确在委托评估外优先适用当事人协商、定向询价和网络大数据评估方式确定拍卖保留价;仅在协商、询价、大数据评估无法确定市价的,才可委托有资质的评估机构进行价格评估。从化法院开展税务部门网络询价机制试点,实现当天询价、当天反馈。2019年,广州法院通过向税务部门定向询价,运用拍卖平台网络大数据评估等方式确定市价案件5223件,平均评估周期从2个月左右缩短到平均2.5个工作日。

3. 推动中小客车带指标拍卖

广州市从2012年开始实行中小客车总量调控,不少有意参与司法拍卖车辆竞拍的群众因没有增量指标而无法参与竞拍,造成司法拍卖车辆成交率偏低。广州中院经过与市交通管理部门进行多轮磋商,2018年5月,修订后的《广州市中小客车总量调控管理办法》规定,符合增量指标申请条件的买受人竞拍司法拍卖车辆可直接申领指标。2019年,全市法院带指标拍卖中小客车34辆,平均溢价率超过300%。

(六)执行手机App提升执行效率

2017年,广州法院研发了全国首个"移动执行"手机App,将执行业务工作流程延伸到移动专网或互联网,实现了重要节点手机主动告知、案件到期逐级预警。执行法官可随时随地通过手机实现事项办理、查阅网上消息、通讯录、管理案件、案件详情、移动阅卷、制作文书、签发文书、文书签章、证据采集、办理事项申请和审批等掌上移动执行功能,大大拓展了执行干警的办案、办公的空间,丰富了法官的办案手段,提高了执行工作效率。

"移动执行"手机 App 的开通取得很好的效果。一是提高外出执行效率。执行法官可随时通过手机查看电子卷宗,以文字、图片、视频等形式随时生成执行日志并同步回传至后台系统,执行工作效率大幅提升。二是便于执行节点管控。"移动执行"手机 App 关联全国法院执行业务系统的 25 个关键节点,对于节点时限届满及超期的,自动提醒案件经办人,庭、局领导可以全面掌握部门执行案件情况,对超限节点予以跟踪催办。三是有助于执行过程监督管理。庭、局领导可以在移动执行 App 上审批执行业务,执行过程全部留痕,使得执行监督管理更加便捷、有效。

(七) 执行公开促使执行公正

1. 多渠道公开执行信息

执行是司法公正的最后环节,执行信息的公开是司法公开的重要内容,广州法院通过多渠道加强执行信息的公开工作。一是依托广州审判网的基础优势,开发上线了广州法院执行公开网,全方位公开执行工作情况。执行公开网与内部"全流程网上执行"系统对接,自动推送节点信息、自动发送告知短信。执行公开网提供执行立案、执行指南、典型案例、执行热点、执行线索举报等功能,同时集中公开执行进展、失信被执行人、限制高消费、限制出境、特殊主体被执行人、执行悬赏等内容。二是 2013 年开通全国法院首个 12368 诉讼信息综合处理平台,2019 年平台受理执行服务请求 47416 条,发送执行服务信息 7899 条。三是 2017 年 11 月上线全国法院首个"微执行"微信小程序,深度研发流程节点主动告知、款项到账自动提醒、执行悬赏精准推送等功能,当事人使用手机即可查询执行日志、办理案件业务。开发电话语音存证约谈、视频约谈功能,解决终本约谈难题。四是加大主动公开力度。开通短信自动告知功能,对当事人最关心的财产查控、限高、失信、罚款等 15 个重要执行节点主动发送短信告知。

2. 执行信息全流程公开

广州法院率先实现了"执行无纸化"办案,执行案件全流程网上办理,所有执行措施、执行文书、办案审批、款物流转、归档借卷等均须在网上操作、反馈、留痕。同时,广州法院将执行案件全过程在网上向当事人公开,申请执行人也可在线查询执行案件立案进度、执行人员及联系方式、执行措施、执行财产处置、执行款项分配等全部执行信息。

3. 执行惩戒措施双重公开

广州审判网设置曝光台专栏,专事公开失信被执行人信息。2019 年 4 月—2020 年 3 月,广州法院共计公开失信被执行人名单 36732 人次,促使 3135 人主动履行义务。定期向市发改委、规划国土、房管、工商等部门通报失信被执行人名单,依法限制失信被执行人办理相关业务。强化司法惩戒手段运用,执行惩戒措施全部上网公开。此外,广州法院还建立了执行悬赏制度,向社会发布 46 宗执行悬赏公告,有效拓宽查找被执行人财产渠道。

4. 通过网络直播等方式加强执行宣传

2019 年与主流门户网站、广东电视台等合作开展 7 场"直播抓失信被执行人"活动,观看人数突破 630 万人次。通过"两微一端"主动推送执行工作亮点、失信惩戒及执行不能等典型案例,2019 年累计推送 240 期专题宣传。2018 年 3 月,中央电视台《焦点访谈》栏目专门介绍了广州法院智慧执行工作经验。

三 运用大数据，实现审判管理精准化

审判管理，是指法院对审判活动进行计划、组织、指挥、协调、控制的方式，是实现审判工作良性运行的重要保障。① 2016年初，广州中院正式建成广州法院大数据管理分析平台。2016年12月，面向社会公众的司法数据公众服务中心正式启用。广州法院大数据平台通过历史数据的历时性分析、当前数据的实时监控、当前数据的实时分析三类核心功能，实现126个流程节点数据信息智能管控，让大数据发挥大价值，实现审判管理的精准化和静默化。

（一）优化司法资源配置

广州法院大数据平台共设定了5大类128项数据评估指标，并建立了三个量化模型，做出全市法院审判质效运行图表，审判管理部门通过监控"投入产出比"动态调整资源配置，为优化司法资源配置提供决策参考。

一是审判质量效率量化评估模型。利用案件数据信息，对审判质量效率进行全面、实时、客观的评价，还可以根据评估结果进行案件反查，查找影响法官业绩的具体案件。

二是法官业绩量化评估模型。根据人事管理部门的考核要求，开发法官工作量考核系统，提取出业绩评价指标，并实时对法官个人工作绩效、部门绩效、专题考核绩效进行运算、统计、排名，对弱项指标予以监控、报警，提升了评价考核工作的科学性和准确性。

三是司法统计模型。通过大数据平台，司法统计工作实现

---

① 毕寒光：《审判管理方式改革之我见》，《辽宁公安司法管理干部学院学报》2000年第2期。

了从手工逐案统计向系统自动生成的跨越。除生成司法统计报表外，统计人员还可以自主选取分析项目，生成个性化报表，辅助领导决策。

三类模型的综合运用使得大数据平台得以客观全面地勾勒出全市法院各类审判资源的配置现状和运行效率。例如，通过审判质效评估模型、法官业绩评估模型可以实时监控各部门审判资源的"投入产出比"，对于工作质效不高的部门，可以通过及时预警、调整审判人员配置等方式提高效率。广州中院还专门出台《关于优化审判资源调配的若干意见》，推进通过数据运用，科学合理分流案件，实现精细化管理。

（二）实现司法裁判标准化

司法裁判不均衡、同案不同判对司法公信力有较大的伤害，为此广州法院采取了多项应对措施。

一是建立裁判预警系统，智能校验裁判结果。针对法官在办案中"只知个案、不知全局"造成的裁判尺度不统一问题，广州法院建立基于历史案件的裁判预警系统，抽取立案信息、核心证据、认定事实、判决主文等要素，构建同类案件裁判趋势图，校验裁判尺度。

二是建立智能辅助量刑系统。广州白云法院是最高人民法院确定的全国量刑规范化、罚金刑量刑规范化试点法院。在试点基础上，对判处无期徒刑以下刑罚的案件，按照根据基本犯罪事实确定法定刑量刑起点、根据其他犯罪事实增加刑罚量确定基准刑、综合全案调节基准刑确定宣告刑的思路，开发基于量刑规范化标准的计算机辅助量刑系统，实现量刑平衡，解决"同案不同判"问题。

三是建立证据标准指引系统。广州法院根据定罪量刑标准大数据分析结论，按照各罪名犯罪构成要件，制定证据标准化指引。从侦查阶段开始，系统识别案件类型后，对证据的形式要件进行随案分析，对非法证据、瑕疵证据进行拦截预警，确保所有进入下一司法程序的证据符合"三性"要求，既防止因证据瑕疵放纵罪犯，也防止出现非法取证问题。

四是建立羁押必要性审查和预警系统。根据轻罪案件羁押与否、羁押时间的大数据分析结论，测算各罪在各种量刑情节下的合理羁押时间。在侦查阶段，根据案情对案件的定性、量刑进行预评估，为侦查机关作出羁押决定提供参考。羁押实施过程中，当实际羁押时间偏离预设的合理期间时，系统预警并提示变更强制措施，解决了"刑期倒挂""关多久判多久"问题，依法保障犯罪嫌疑人、被告人的合法权益。

五是研发智慧庭审云集控系统。广州法院智慧庭审云集控系统2018年6月通过验收。目前，广州法院的672个法庭、38个远程提讯室在智慧庭审云集控系统的辅助下，已经实现统一监管、统一调度、统一运维。

（三）强化政务管理能力

广州法院借助"智慧法院"强化司法政务管理，开发出广州法院政务管理系统。该系统利用工作流引擎、智能表单、数据交换平台、两级法院信息共享交流平台、流程绩效分析平台、文件柜管理平台等基础支撑平台，开发出公文及案卷智能交换、新闻宣传管理、调研管理、代表委员联络服务、物资装备管理等31个具有广州法院特色的功能模块，形成一个与审判执行工作紧密结合的司法政务管理体系（见表4-1）。司法政务管理系统建成后，绝大部分行政管理工作均能通过系统申请、审批、统计、公示，是全国首家实现全程网上办理来文、网上报送两级法院信息和调研、自动统计和计分考核的法院，流程审批、公文审阅等工作平均耗时从一周缩短到一天。后勤保障服务实现全部资源数字化监控。

表 4-1　广州法院司法政务管理系统主要功能模块

名称	功能
主要模块	
公文及案卷智能交换管理	信件收发管理、文件收发管理、文件流转追踪
考试管理	自动组卷、成绩管理
调研管理	调研报告报送、打分、统计、考核
考勤休假管理	出入境管理模块：证照管理、因私出入境管理、因公出入境管理；请休假管理：请休假登记、请休假审批、请休假销假、考勤申诉
设备管理	使用情况监控、部件关联管理、计划发放管理、申请发放管理
装备管理	两庭建设模块：法庭经费保障管理、法庭用房管理、基础设施建设管理；枪弹模块：枪支管理、弹药管理、枪支调拨管理、待用枪支监控、统计分析；服装模块：人员体征管理、服装换发管理、库存监控
图书管理	借阅模块：借阅、续借、催还、归还、上架、报失、捐赠、图书状态监控；采购模块：采购申请、采购审批
易耗品管理	入库管理、出库管理、库存盘点、物品消耗趋势分析统计
采购管理	采购计划、购置物品综合统计、办公耗材采购管理、小宗物品采购管理
固定资产管理	资产变动管理、资产领用管理、资产调拨管理、资产处置管理、资产状态监控
公务用车管理	车辆档案模块：报修记录、违章记录、用油记录、行程记录、费用支出记录；驾驶员档案模块：驾驶证信息、初次领证时间、违章记录；用车管理模块：车辆安排记录、车辆出入库记录、财务报销记录
其他模块	
个人事务、日程安排、会议管理、信息情报管理、督查督办管理、新闻管理、考核管理等	

（四）服务社会发展大局

法院受理的各类案件数据是社会经济形势、社会治安形势的客观反映，司法大数据的统计应用可以为服务社会发展大局提供决策参考。广州审判网的司法数据公众服务中心实时公开5项审判执行动态数据和社会经济形势司法指数、社会治安形势司法指数，其中社会经济形势司法指数包括民间借贷纠纷、金融纠纷、房地产纠纷、劳动纠纷等八类案件数据；社会治安形势司法指数包括严重刑事案件、"两抢一盗"案件、涉众型经济犯罪案件等七类案件数据（见表4－2）。广州法院同时按月公布司法统计报表和6类数据专题分析报告，促进政府决策科学化、社会治理精准化和公共服务高效化。

表4－2　　广州法院司法大数据中心司法指数模块数据项目

	社会经济形势司法指数							
一级数据项	民商事案件	民间借贷纠纷	金融纠纷	房地产纠纷	劳动纠纷	涉农纠纷	道路交通事故人身损害赔偿	知识产权纠纷
二级数据项	—	—	—	国有土地租赁纠纷	劳务合同纠纷	农村离婚纠纷	—	著作权
				征地拆迁纠纷				商标权
				建设工程施工纠纷	劳动争议纠纷	土地承包纠纷		专利权
				物业纠纷				刑事知产案件
	社会治安形势司法指数							
一级数据项	一审刑事案件	严重刑事案件	"两抢一盗"案件	涉众型经济犯罪案件	黄赌毒案件	危害食品药品安全案件	危险驾驶案件	
二级数据项	—	故意杀人案件	抢劫案件	集资诈骗案件	涉黄案件			
		故意伤害案件	抢夺案件	非法吸收公众存款案件	赌博案件			
		强奸案件	盗窃案件	组织、领导传销案件	涉毒案件			

四 以人为本，拓展司法为民渠道

习近平总书记在 2018 年全国网络安全和信息化工作会议上强调，网信事业发展必须贯彻以人民为中心的发展思想，把增进人民福祉作为信息化发展的出发点和落脚点，让人民群众在信息化发展中有更多获得感、幸福感、安全感。最高人民法院领导也指出，要通过信息化手段不断提高诉讼服务水平，切实满足人民群众多元司法需求。① 新形势下，人民群众越来越习惯通过互联网、智能手机办理事务。为适应这一变化，广州法院诉讼服务中心进行了多次升级，目前不仅形成具有广州法院鲜明特色的"三通一平"智能诉讼服务体系，还在全国首设 5G 诉讼服务体验区，建成系统集成的网上服务平台，实现全流程诉讼服务智能化、线上线下服务同质化。

（一）打造智能诉讼服务一站式平台

以往，法院一般将各类面向当事人的业务集中安排在诉讼服务窗口，群众有诉讼服务需求需要到法院现场办理。为了"让数据多跑路，群众少跑腿"，广州法院对诉讼服务中心进行了多次升级改造，目前形成集诉讼指引、司法公开、政务公开三大平台为一体的综合一站式平台。该综合平台具有以下特点，使群众能够更便利地参与司法诉讼活动。

一是网上诉讼服务中心采用流程化、场景化思路，按照诉讼流程的内部逻辑，为当事人、律师及社会公众提供贯穿诉前到判后各阶段的 39 项诉讼服务，同时保证线上线下窗口功能同

---

① 乔文心：《周强在最高人民法院网络安全与信息化领导小组会议上强调坚持以人民群众需求为导向　加快智慧法院建设》，《人民法院报》2018 年 4 月 4 日第 1 版。

质化。广州法院网上诉讼服务中心被评为全国"2018年度政府网站网上办事精品栏目"。

二是大力推进当事人自助服务终端建设。广州在全市法院的实体诉讼服务中心统一部署公众服务终端，当事人可以办理异地立案、异地阅卷、异地查询案件、异地缴费等多种业务，业务办理实现跨地域标准化，有效减轻了窗口部门压力，减轻了当事人诉累。2019年，广州中院还建成广州智慧法院诉讼服务体验区，引进全省政务服务一体机，一站式提供各类政务服务查询、打印服务，为当事人提供了便利。

三是不断发展网上远程服务。为了减少当事人的诉累，便于当事人沟通、联系法官和进行网上诉讼，广州大部分法院开通了网上立案、在线缴费、远程接访、远程联系法官、网上证据交换、网上调解、网上开庭等功能，其中广州中院、天河法院、花都法院、南沙法院、从化法院5家法院能够全部实现这些远程诉讼服务功能。同时，广州法院网上立案功能逐步延伸发展到建立跨域立案机制，2019年，广州法院535件案件实现"就近立案、全城通办"。

四是在大湾区内推行跨域智能诉讼服务。在广州、香港、澳门等地落地部署12个"E法亭"便民诉讼服务设施，该服务终端集成"审、调、证"三位一体解纷体系，融合自助存证、自助立案、自助查询、智能送达、在线调解、在线庭审六大功能，实现将智慧法庭送到港澳居民家门口；此外，2019年，广州法院还建成了涉港澳案件授权见证系统，港澳当事人可在线委托内地代理人，耗时不到半小时，大幅降低湾区群众诉讼成本。

(二)"三通一平"智能诉讼服务体系

为给当事人提供更加优质的诉讼服务，广州法院还建成了"三通一平"智能诉讼服务体系。"三通一平"体系指"审务通""法官通""律师通"手机 App 和 12368 诉讼信息服务平台（见表 4-3）。四大平台中除了"法官通"外，其余三大平台均为诉讼参与人提供诉讼服务，且各平台针对社会公众、律师开放不同功能，满足不同群体的差异化需求。

广州法院的手机"审务通"App 于 2015 年 3 月上线，是广州法院面向社会公众提供诉讼服务手机 App。"审务通"运用云计算、移动互联技术，以 12368 诉讼信息服务系统为龙头，集广州中院庭审直播、网上立案、电子文书送达、裁判文书查询、执行在线、电子档案查询等众多对外审务信息应用系统为一体，面向社会公众提供与实体诉讼服务中心相同的 39 项诉讼服务功能，通过数据整合、统一平台集成，为公众提供个性化、移动化、信息电子化的移动互联网服务。

"律师通"是全国法院首个专供律师使用的手机 App。"律师通"以方便律师进行诉讼代理为出发点，在设计上，自动绑定律师在广州两级法院代理的全部诉讼案件。在功能上，具备查询功能，可以查询案件进展、开庭时间、生效裁判文书，实现快速获取信息；具备在线办事功能，可以联络法官、提交案件申请、手机送达、手机查阅电子文档，节省往返法院时间；具备沟通互动功能，法院可实时推送案件信息，与律师进行在线沟通，实现案件审理的全流程互动。目前，"律师通"已经实现与司法局的数据对接，在广州注册登记的律师已全部录入数据库。

广州法院 12368 诉讼信息服务平台也是全国首创的"一对一"服务诉讼信息综合处理枢纽，对 12368 电话呼叫中心、门户网站、"两微一端"提起的各类诉讼服务请求进行全数字化集中管理，实现分类处理、即时转办、节点监控、超期督办。广州法院 12368 诉讼信息服务中心每年办理当事人各类诉讼服务咨询、信息超过 16 万次，向当事人发出诉讼服务短信超过 50 万条。

广州法院"三通一平"体系建成后,诉讼服务呈现"三少"趋势,即当事人打给业务庭的咨询电话明显减少,前往立案窗口咨询的当事人明显减少,对法官不接电话的投诉明显减少。办事窗口日均处理事务量同比大幅降低了46.6%,诉讼服务水平显著提升。2014年全国"两会"期间,中央电视台播出《小撒探会》专题片,重点介绍了广州法院12368诉讼服务中心的司法为民举措。

表4-3　　　　　　　广州法院"三通一平"体系

名称	服务对象	载体	主要功能				
审务通	社会公众	手机App 微信服务号	审务公开、裁判文书、执行在线、诉讼中心、庭审直播、网上立案				
法官通	审判人员	手机App	办案类:我的案件、开庭安排、办案日志、合议平台、办案助手、送达助手、信访办理、视音频执法取证				
			办公类:通讯录、电子卷宗管理、工作日程、临时资料库				
			诉讼服务类:12368来电转办、材料收转、网上立案审批				
律师通	律师	手机App	法院公告、网上立案、网上阅卷、案件查询、裁判文书、执行查询、费用计算、法律法规、庭审直播、12368、电子送达、我的案件、开庭提醒、律师一卡通				
12368诉讼信息服务平台	社会公众	电话呼叫中心门户网站微信、短信	服务功能				
			受理咨询、投诉	查询案件进展	预约办事	联系审判人员	接受意见建议
			分析、监控功能				
			受理趋势分析	受理来源和分析	受理类别分析	办理进展监控	满意度监控

(三) 以需求为导向建设广州微法院

为了满足人民群众多元化诉讼服务需求,广州中院基于原有智慧法院"三通一平"建设成果,适应移动互联网"链接、赋能"的特点，利用微信小程序构建全流程、轻量级诉讼服务体系，打破时空限制，通过网络技术将诉讼服务从固定场所、固定时间外延至"随遇接入、即时服务"，实现网上立案、网上缴费、网上庭审、网上阅卷等一站式诉讼服务。充分利用碎片化时间完成微小诉讼服务。

"广州微法院"小程序的设计，从当事人最迫切、最需要解决的问题入手，并明确以点带面完善小程序功能的迭代设计思路。其具有三个特点。一是面广。微信月活跃用户数达9.63亿，全部微信用户均是"广州微法院"服务对象。二是便捷。小程序内嵌在微信中，无须另行下载App，操作便捷易懂，非常契合法院诉讼服务的需求。三是安全。涉及当事人个人隐私的功能如手机立案、手机阅卷、查询进展等功能，均需经过人脸识别实名验证，具备人脸识别和语音识别双重保险，能充分保护当事人隐私。2019年，"广州微法院"微信小程序获评全省法院"十大微创新"。

"广州微法院"，集成公众服务、微诉讼、微执行和案件管理4大模块，21项诉讼服务功能。

"公众服务"模块提供"热力导航""开庭公告""旁听指南""12368""文书公开""司法指数""庭审直播"七大功能，使诉讼流程、诉讼信息更加公开透明。其中，热力导航、司法指数版块向社会公众发布全市法院收结案情况、广州社会治安司法指数、广州经济形势司法指数，所有数据全部与审判执行系统同步。2019年，"广州微法院"又新上线生效证明、律师调查令、域外法律查明等新功能，掌上诉讼服务的范围不断延伸和拓展。

"微诉讼"模块提供"排队叫号""诉讼指引""手机立案""费款缴纳""手机阅卷""在线开庭""律师一卡通"七大功能，当事人通过这些功能，可以在线完成排队取号、掌上立案、扫码缴费、在线阅卷、远程庭审、律师免检进出法院等几乎所有诉讼活动和诉讼辅助活动，基本实现了"让数据多跑路、当事人少跑腿"的初衷。

"微执行"以"信息化+大数据"为引擎，开创全国首家微信执行悬赏先河，搭建了一个全民参与解决"执行难"的平台，其具备"执行公告""执行指南""失信曝光""执行悬赏""提交线索""拒执案例"六大功能，当事人可以随时随地地查询执行进度，查看执行公告、了解执行规程，拓宽当事人和执行法官的沟通途径，通过失信曝光和拒执案例震慑被执行人。

"案件管理"模块提供全市法院全类型案件信息、全过程办理情况查询功能。手机立案、手机阅卷等功能涉及当事人个人隐私，均需通过人脸识别进行实名验证，充分保护当事人隐私。

此外，四大核心模块主要功能的下方，都通过"瀑布流"形式实时推送广州中院微信公众号阅读量较高的文章。

"广州微法院"小程序上线后，每个月通过小程序查询案件进展的人数均超过全市法院2016年在实体诉讼服务大厅查询案件进展人数的总和。"广州微法院"小程序不仅营造了一个便捷、公开、公平的司法审判环境，同时培养社会公众使用互联网接触、了解法律和司法程序，利用司法维护合法权益的观念。

（四）实现在线矛盾纠纷多元化解

为缓解司法资源紧张，降低人民群众诉讼成本，广州法院在原有多元矛盾纠纷化解工作的基础上，结合"枫桥经验"实践和自身信息化建设优势，2019年8月，研发上线了广州法院在线纠纷多元化解平台（ODR平台），涵盖智能推荐、风险评估、调解分流、司法确认、部门联动、大数据分析等六大功能，实现纠纷解决的在线分流、在线调解、在线确认，促进了矛盾纠纷高效化解。平台在天河区法院2019年11月上线试运行以来，共引入调解案件5450件，已调解成功607件。在白云法院投入试运行三个月内成功化解30起突发事件，成效初显。广州互联网法院的在线纠纷多元化解平台还实现了粤港澳大湾区三地在线跨域诉调对接，首创"预约调解、远程调解、异步调解、跨境调解、联合调解、邀请调解"＋"自行和解"＋"司法确认"＋"在线诉讼"的"6＋1＋1＋1"纠纷化解模式，打通了跨域司法交流与社会治理合作新通道。

广州法院在线纠纷多元化解平台具有以下特点。

一是凝聚多方调解力量，打造多元纠纷化解生态圈。平台汇集行政调解、人民调解、行业调解、特邀调解及仲裁调解组织等资源，联合相关部门、行业协会、企业、组织等，共同打造多元纠纷化解生态圈，创新社会治理的"共建、共治、共享"模式。目前平台共有专业调解人员347人。

二是发挥全程在线调解功能。平台为法院、专职调解员、特邀调解员、行业协会等调解组织以及当事人提供三方远程联络沟通、在线协商、在线签订调解协议的服务。在调解员的组织下，三方可以通过远程视频调解协商，在互联网在线提供证据、在线进行质证，实现面对面的沟通交流。案件调解成功后，笔录由平台在线记录并在线生成调解协议，当事人通过手机端口线上签字确认调解协议，整个调解的过程都可以通过网络在线完成，当事人足不出户便可全程参与。天河法院还联合人民调解组织创新打造了调解协议远程司法确认平台，实现调解结果当场固定、矛盾纠纷就地化解。

三是平台与法院办案系统互联互通。在线纠纷多元化解平台不是一个孤立的在线调解平台，其与法院内部办案系统进行了数据对接，从法院立案、材料电子化、案件推送，到平台调解结果和文书材料回传到法院内部办案系统，再到通过平台一键申请司法确认，这些环节全部可在线操作、自动传输数据，真正实现了系统对接、在线调解、一键确认等功能，"一站式"解决纠纷。除网络平台，广州法院还开发了"广州法院ODR"小程序，当事人也可以通过手机微信小程序进行在线调解。

四是为后续诉讼打下良好基础。对于在平台上调解不成功而转入诉讼程序的案件，通过平台已经进行的在线质证、在线填写地址确认书、无争议事实确认等环节所形成的意见和文书，将直接导入广州法院内部办案系统，为案件转入诉讼后在后续审判工作中的送达、质证等环节奠定基础，解决"送达难"等问题，以减轻诉讼环节法官工作负担。

五　全面覆盖，司法更加公开透明

近年来，广州着力通过智慧法院建设深化司法公开工作，取得了良好成果。在中国社会科学院发布的中国司法透明度指数报告中，广州中院始终在全国法院名列前茅，并自2015年以来实现"五连冠"，还获评全国司法公开标杆法院。2017年以来，在庭审直播评选中，广州中院直播案件数连续三年居全国各中院首位，获评"优秀直播法院"，直播的两件案件入选全国十大"最受关注案件"，全市有4名法官获评优秀直播法官。广州中院在人民法院庭审公开第三方评估报告发布暨庭审直播工作研讨会上介绍庭审直播工作经验。其后，在2018年度、2019年度的庭审直播评选中，广州中院继续蝉联全国中级人民法院第一，并保持"优秀直播法院"的称号。官方微信号获评2018年度中国优秀政法新媒体、全国法院优秀微信公众号、全国法院"百优新媒体账号"，广州审判网获评2018年度中国优秀政法网站。在2019年12月5日，中国社会科学院法学研究所主办的新时代司法与国家治理研讨会暨《法治蓝皮书·中国司法制度发展报告（2019）》发布会上，广州中院围绕司法公开等主题做了经验发言。

（一）利用信息化拓宽公开载体

2016年以来，广州法院依托12368诉讼信息综合处理枢纽，通过门户网站、手机App、"两微一端"公开各类流程信息335万余条，使流程信息从被动接受查询向全程跟踪、主动公开、单点推送转化。

一是门户网站集约公开信息。门户网站是广州法院司法公开的主要阵地，全市两级13家法院全部建成门户网站，实现"一院一官网"。当事人扫描立案通知书上的二维码，在广州审判网"我的案件"专属页面，可查阅开庭时间、送达情况、办案日志等诉讼信息，可调阅电子卷宗、提交材料、接收送达，实现全诉讼服务网上办理。除四大公开平台外，门户网站全面公开院庭领导信息、预决算信息、任职回避情况等司法行政信息，司法改革方案、员额法官信息、立案登记数据等司法改革信息，司法统计报表、参考性案例、审判白皮书等审判执行信息，代表委员意见办理情况、司法建议答复情况、法院年报等联络工作信息。截至2020年3月，广州审判网历史访问量超过2390万人次，成为全国访问量最大的法院门户网站之一。

二是移动终端延伸公开载体。当事人绑定手机号码后，系统自动向当事人推送立案通知、开庭提醒、案款到账等六大类流程节点信息，2016年以来向当事人发出节点提示信息24000余条。"审务通"手机App实现场景化服务，掌上移动诉讼服务大厅提供贯穿诉前到判后的39项诉讼服务，实现线下、线上、掌上诉讼服务同质化。全市法院部署公众服务一体机12台，提供阅卷、查询办案进展、缴费等32项智能服务，实现业务办理跨地域标准化。全市13家法院开通官方微信，截至2020年5月8日，广州中院官方微信共推送信息1686条、关注人数90410人，获得全国法院微信学院奖、全国法院百优新媒体账号等荣誉。

三是减刑假释公开回应社会关切。广州中院减刑假释案件裁定作出前全部公示，公众可在线提交异议意见，2016年以来公示案件9310件，收到异议意见86条，对异议案件全部公开开庭审理。实行人民陪审员随机选取制度，减刑假释案件人民陪审员参审率达61%。裁定书系统自动推送上网，实现文书100%公开。2016年以来，广州中院依法审理减刑假释案件9310件，裁定不予减刑假释的97件，裁定变更监狱报请减刑幅度的4877件，其中"三类罪犯"（职务犯罪，破坏金融管理秩序和金融诈骗犯罪，组织、领导、参加、包庇、纵容黑社会性质组织犯罪）占5.2%，有效回应了部分群众关于"减刑幅度过大、实际服刑期偏短"的质疑。

（二）全日制庭审网络直播实现"现场正义"

广州法院自1996年番禺"12·22"特大劫钞案开全国法院庭审直播先河以来，不断健全完善庭审网络直播工作机制。2012年7月，广州法院推出全日制庭审直播模式，在全国法院率先实现"法官人人有直播，法院天天有直播，案件件件可直播"。

一是扩大直播范围。广州法院《庭审网络直播规程》规定，广州中院各审判部门开庭审理的一、二审案件直播比例不低于90%，全市法院每月直播案件数不少于1700件。实行归口管理、直播预告、定期通报、质量评查、意见反馈制度，提升直播效果。2016年以来，全市法院直播案件538038件，居全国法院前列，广州中院审理的省水利厅原厅长黄某青受贿案观看量达1253987人次。

二是加强技术支撑。2016年11月，全市法院268个高清数字法庭完成高清数字化改造，实现集中管理、统一调配、智能排期，并全部支持庭审网络直播和"三同步"记录，实现向"案件件件可直播"的重大跨越。庭审网络直播平台采用视音频压缩解码技术，实现信息流传输、实时视音频管理、历史案件点播、云平台存储，每天提供80路直播信号，单案支持20000人同时在线观看。观众在不安装任何插件情况下，可通过计算机及手机、平板电脑等手持智能设备在线观看。

庭审网络直播促进了广州法院审判执行质效的提升，2014

年以来庭审网络直播案件法定审限内结案率达100%,平均结案周期缩短20%以上,无一案件被当事人信访投诉。以庭审直播方式审理的案件上诉率不超过5%,已结民事案件调解撤诉率超过20%。

(三)裁判文书上网提升实质公开水平

广州中院2004年起通过广州审判网公布生效裁判文书,是全国法院最早实现文书上网的法院。中国裁判文书网建成后,广州两级法院裁判文书公开量始终居于全国前列。目前,法院通过广州审判网和中国裁判文书网"双平台"公布裁判文书,2016年以来累计公开裁判文书528320份。

一是规范和简化上网流程。完善《关于在互联网公布裁判文书的实施办法》,明确文书上网的类别、期限、范围等。依托信息化简化上网流程,案件提交结案时,系统自动进行文书隐名处理,法官点击"发布"即可一键推送到裁判文书公开平台。不公开的,需由庭领导进行不上网审批。

二是推进裁判文书反向公开工作。裁判文书反向公开是裁判文书公开工作的重点和关键,只有公开了不上网文书的相关信息,才能防止不上网文书审批流于形式,提高裁判文书上网率。[①] 广州法院积极推进裁判文书反向公开工作,目前广州法院的大部分法院都在其门户网站公布不上网文书的案件数量、案号、理由。广州中院还按月公布各法院各部门裁判文书生效数、上网数及上网率排名,[②] 广州法院的裁判文书反向工作走在全国

[①] 中国社会科学院法学研究所法治指数创新工程项目组:《中国司法透明度指数报告(2016)——以法院网站公开为视角》,载李林、田禾主编《中国法治发展报告 No.15 (2017)》,社会科学文献出版社2017年版,第241页。

[②] 广州审判网,http://www.gzcourt.gov.cn/cpws/ck486/2020/01/21164147957.html,最后访问日期:2020年5月8日。

法院前列。

三是优化文书检索应用。统一检索入口，升级查询检索功能，在案号、当事人、案件类型、案由检索模式基础上引进全文检索系统，实现文书深度应用。建立裁判文书意见反馈机制，定期开展文书质量评查，促进办案质量提升。

第五章　广州智慧法院应用成效横向比较

从 2002 年广州中院开通门户网站始，信息化建设在广州法院已历时将近二十年。这期间，广州法院的信息化水平得到了长足进步，开通 12368 诉讼信息服务平台，建成"审务通""法官通""律师通"等多个手机移动服务平台，已经基本形成以"互联网+"技术支撑、以大数据驱动为特点的智慧司法体系。为了了解广州中院及其辖区基层法院的信息化建设成效的优势和劣势，广州中院在全国法院信息化中所处的位置，项目组将"广州智慧法院第三方评估指标"中广州法院的评估情况与 2019 年全国法院信息化建设评估的情况进行了横向比较分析。针对广州法院研发的该指标体系由智能审判、高效执行、自动化管理、优质服务、组织保障和创新应用六个方面组成。其中前五项为基础指标，总分 100 分，第六项创新应用为加分项，根据各法院智慧法院项目的实施和推广情况评分，创新应用指标加分最多不超过 10 分。

一　广州智慧法院总体概况

根据广州智慧法院建设评价数据统计结果，13 家受评估的广州法院智慧法院第三方评估的平均得分为 81.7 分，整体而言，广州智慧法院建设总体成效显著，有力支撑了审判体系和审判能力现代化建设。

从各法院的得分情况来看，全市法院得分超过90分的2家，占15.4%，分别是广州中院（102.6分①）和越秀法院（90.3分）；分布在80—90分之间的法院4家，占比30.8%，分别为互联网法院（89.9分）、南沙法院（84.8分）、天河法院（84.4分）、黄埔法院（84.4分）。得分超过80分的法院共有6家。6家法院的得分在70—80分之间，分别是花都法院、白云法院、增城法院、番禺法院、荔湾法院、从化法院，海珠法院得分最低，为69.3分（详见表5-1、图5-1）。

由此可见，第一，广州法院大部分法院智慧法院建设成果成效良好，在推动司法公开、深化司法为民、提升审判质效、规范司法管理方面取得了显著成效；第二，广州各法院之间智慧法院建设的成效差异较大，得分最高的法院102.6分，最低的法院仅69.3分，相差33.3分，差距较大，智慧法院建设的一体化水平有待提升；第三，个别法院信息化水平差强人意。在看到广州智慧法院建设水平整体较高的基础上，也要看到个别法院仍然对信息化成果应用不够重视，与整体水平差距较大，7家法院的得分低于80分，其中得分低于75分的法院3家。

表5-1　　　　　　广州各法院智慧法院评估得分　　　　单位：分

法院名称（按得分排序）	基础分	总分
广州中院	92.6	102.6
越秀法院	83.3	90.3
互联网法院	79.9	89.9
南沙法院	75.8	84.8
天河法院	81.4	84.4
黄埔法院	80.4	84.4

① "智慧法院建设评价"得分等于基础分加创新加分，例如，广州中院基础分为92.6分，创新应用加分10分，共计102.6分。

续表

法院名称（按得分排序）	基础分	总分
花都法院	79.5	79.5
白云法院	74.1	79.1
增城法院	76.9	76.9
番禺法院	76.4	76.4
荔湾法院	74.1	74.1
从化法院	72.1	72.1
海珠法院	69.3	69.3
平均值	78.0	81.7

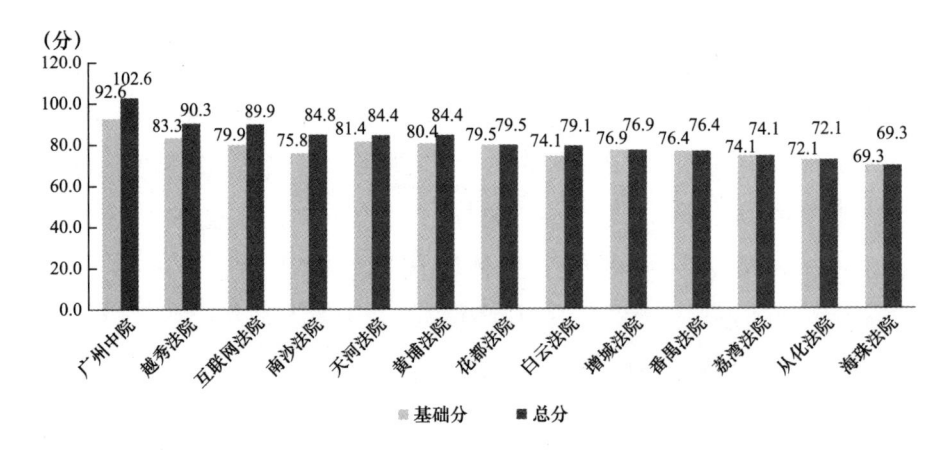

图 5-1 广州各法院智慧法院评估得分

　　从广州智慧法院基础评分的五项一级指标来看，得分最高的是组织保障指标，得分为 100 分，其次为自动化管理指标 88.5 分、高效执行指标 82.4 分、智能审判指标 75.5 分，优质服务指标得分最低，仅为 65.7 分。在创新应用指标方面，有 7 家法院获得加分，其中广州中院、互联网法院创新应用较多、推广价值大，获得加分较多。

　　由此可见，第一，信息化基础性工作水平高。对于广州市两级法院而言，一些基础性的工作做得较为扎实，特别是在组织保障和功能应用的建设方面大部分法院都能够得满分。智慧法院建设在提升审判质效、加强审判管理、支持"基本解决执行难"等方面发挥了积极作用。第二，各项指标之间差异较大。广州各法院信息化指标仍然存在明显差异，组织保障全部法院都得到满分，其余的"自动化管理"和"高效执行"的效果较好，得分均在80分以上，而"智能审判"指标得分为75.5分，而优质服务指标的得分较差，仅65.7分（见图5-2）。第三，智能化的司法服务成效有待提升。广州智慧法院的五项基础一级指标中，除了优质服务指标外，四项指标都在70分以上。可见，在为人民群众提供司法服务，司法服务的精准度、全面性方面，广州法院尚有提升的空间。第四，各法院创新应用方面差异显著。得分最高的广州中院和互联网法院超过20分，但有6家法院没有一项创新应用获得加分。

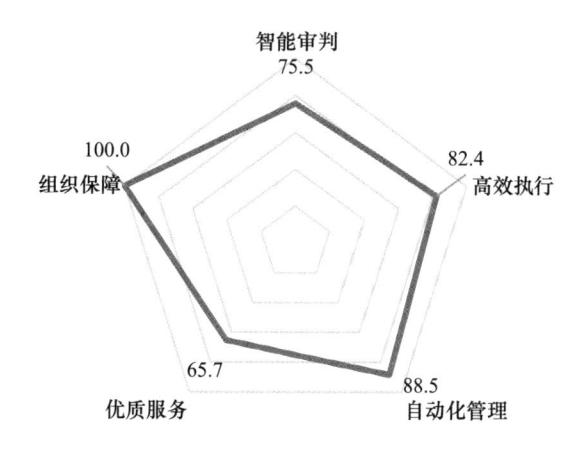

图 5-2 广州智慧法院基础评分五项一级指标示意（分）

二 广州智慧法院智能审判

（一）智能审判概况

审判是人民法院的核心工作之一，智慧法院建设首先要考虑的是如何服务法官办案。近年来，人民法院收案数量呈现爆炸式增长，审判执行任务日益繁重，社会公众对审判效果的评价日趋多元，案多人少矛盾越来越突出，在现有条件下，不借助信息化手段，不加快"智能审判"建设，难以满足人民群众不断增长的司法需求，无法实现司法的公平正义。因此，"智能审判"是智慧法院建设的重点和难点，也是本次评估的重点。智能审判占智慧法院基础指标权重的30%，在五项基础一级指标中权重较高。

据统计，13家受评估的广州法院智慧法院第三方评估智能审判的平均得分为75.5分，略低于各项指标的平均分，整体而言，广州"智能审判"建设成果运行优良，成效显著，对辅助法官办案，减少法官的事务性工作，提高案卷流转效率起到了积极作用，但在应用成效方面仍有较大的提升空间。

从各法院的得分情况来看，全市法院得分超过80分的法院4家，占30.8%，分别是越秀法院89.9分、广州中院88.6分、天河法院85.4分以及花都法院82.1分；得分超过70—80分的法院共有5家；其余4家法院"智能审判"的得分在60—70分之间，最低得分为65.4分（见表5-2）。广州各法院智能审判建设水平比较平衡，法院"智能审判"指标得分主要集中在70—90分之间。

表5-2　　　　广州各法院"智能审判"评估得分　　　　单位：分

法院名称	各法院智能审判评估得分
广州中院	88.6
越秀法院	89.9
互联网法院	77.8
南沙法院	67.0
天河法院	85.4
黄埔法院	72.9
花都法院	82.1
白云法院	73.2

续表

法院名称	各法院智能审判评估得分
增城法院	72.0
番禺法院	69.7
荔湾法院	66.3
从化法院	70.8
海珠法院	65.4
平均值	75.5

从"智能审判"的 8 个二级指标来看,"立案提示"全部法院都具备该项功能,均获得了 100 分,"案件关联"的平均得分为 89.6 分、"电子签章"85.6 分、"移动办公办案"76.9 分、"审判流程提示"得分 76.0 分、"电子送达"75.0 分、"卷宗电子化"59.3 分、"文书辅助生成"58.7 分。由此可见,虽然广州法院"智能审判"整体得分较高,但是其中各个二级指标完成度差异十分明显。一些指标已经在全市法院得以全部实现,但是个别指标,如"卷宗电子化"和"文书辅助生成"得分非常低,得分率不足 60 分(见图 5-3),显示出广州法院智能审判在总体建设良好的情况下,各个方面发展并不均衡。

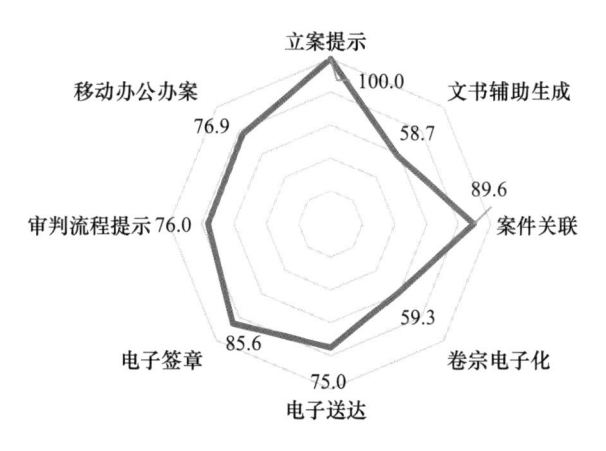

图 5-3　广州法院"智能审判"各指标得分(分)

(二) 立案提示

二级指标"立案提示"在"智能审判"指标中权重占比为10%，下设1项三级指标——"立案提示"，该指标考察各法院服务法官自动识别重复立案、特殊身份当事人①立案等立案风险的能力。法院有该功能，得100分；没有的，不得分。

全市13家法院100%能够实现立案提示的这两项功能，这项指标得分均为100分，是所有"智能审判"二级指标总得分最高的一项。从全国法院来看，全国支持重复立案甄别的法院明显多于支持当事人特殊身份甄别的法院。数据显示，2019年共有2981家法院实现重复立案甄别，占85.9%；2156家法院支持当事人特殊身份甄别，占62.1%。据统计，全国共有2128家法院同时具备立案风险甄别两项功能，占61.3%，尚有461家法院均不具备，占13.3%。广州法院立案提示功能做到法院全覆盖，在全国范围内领先。

(三) 文书辅助生成

二级指标"文书辅助生成"在"智能审判"指标中权重为10%，下设2项三级指标——"自定义文书模板"和"文书自动隐名应用"两项，权重相同。广州法院"文书辅助生成"指标平均得分为58.7分，在所有"智能审判"二级指标中得分最低。

其中，"自定义文书模板"考察各法院能够自定义定制文书模板数量的多少，数量越多、法院文书辅助生成功能越健全，文书辅助生成功能越有可能被法官适用。评估将法院使用自定义文书模板数量分四档，150种以上得100分，101—150种得

---

① 当事人特殊身份如人大代表、政协委员、知名人士、敏感人物、群体性事件等。

75分,51—100种得50分,50种以下得25分。

评估发现,各评估法院"自定义文书模板"整体得分不高,仅为51.9分。从自定义定制文书模板数量来看,各个法院之间差异较大,越秀法院的文书模板达到398种,广州中院194种、黄埔法院110种,但是也有4家法院自定义定制文书模板数量不足50种,最少的从化法院自定义模板仅为14种(见表5-3)。自定义文书过少导致法官难以根据案件需要来自动生成相应的文书。

表5-3　　　　　广州法院自定义文书模板数量及得分

法院名称	自定义模板数量(种)	得分(分)
广州中院	194	100
越秀法院	398	100
互联网法院	61	50
南沙法院	45	25
天河法院	74	50
黄埔法院	110	75
花都法院	80	50
白云法院	53	50
增城法院	69	50
荔湾法院	49	25
番禺法院	31	25
从化法院	14	25
海珠法院	54	50
平均值	94.8	51.9

"文书自动隐名应用"评估考察各法院裁判文书在上网公开前自动隐名应用的实际运行情况。文书自动隐名数量与同期结案数相比比例越高说明文书自动隐名案件越多,功能智能水平越高,具体将文书自动隐名数量与同期结案数比值分四档,

80%以上得100分，60%—80%得75分，30%—60%得50分，30%以下得25分。

评估发现，各评估法院"文书自动隐名应用"得分参差不齐，最高的得分100分，最低的仅25分，平均得分为65.4分。从文书自动隐名比例来看，广州各法院平均自动隐名比例为62.2%，各个法院之间差异很大，广州中院文书自动隐名比例高达85.80%，隐名比例超过70%还有越秀法院、天河法院和增城法院，而互联网法院只有26.47%（见表5-4）。自动隐名比例不高意味着大量裁判文书上网前法官需要手动操作，增加了法官的工作量，而且容易出现遗漏或者错误，增加了裁判文书上网公开的风险。

表5-4　　广州法院文书自动隐名应用占比及得分

法院名称	文书自动隐名比例（%）	得分（分）
广州中院	85.80	100
越秀法院	76.79	75
互联网法院	26.47	25
南沙法院	50.58	50
天河法院	71.35	75
黄埔法院	58.31	50
花都法院	68.67	75
白云法院	48.51	50
增城法院	70.33	75
荔湾法院	66.92	75
番禺法院	64.89	75
从化法院	65.56	75
海珠法院	54.43	50
平均值	62.20	65.4

(四) 案件关联度

二级指标"案件关联"指标在"智能审判"指标中权重为15%，平均得分较高，达到89.6分，在"智能审判"二级指标中仅次于"立案提示"。该指标下设3项三级指标——"案件关联功能""裁审衔接关联"和"类案与法规推送"，权重分别占"案件关联"指标的40%、20%和40%。

"案件关联功能"指标考察评估法院案件管理系统是否能够自动提示案件当事人其他诉讼案件涉案情况（本院及其他法院）。能够自动提示案件当事人其他诉讼案件涉案情况的得100分，无法提示或者不能够自动提示的得0分。

该项指标全市13家法院均能够实现案件当事人其他诉讼案件涉案情况的提示，得分均为100分。但是评估也发现，广州两级法院虽然能够在本辖区内中院和基层院共享当事人其他诉讼案件涉案情况，实现案件互联互通，但是无法与省内其他地区以及省外进行关联。广州对外经济活动活跃，随着对外交流的不断扩展，当事人可能遍及全国，这一不足使广州法官对当事人市域外的其他涉案情况缺乏了解，需要在下一步智慧法院建设时予以完善。

"裁审衔接关联"指标考察评估法院与外单位办案系统对接应用情况，具体而言按照法院的裁审衔接立案数，分四档计分，500件以上得100分，301—500件得75分，101—300件得50分，100件以下得25分。

评估发现，各评估法院"裁审衔接关联"情况差异十分明显，各法院裁审衔接平均立案数208.6件，得分48.1分。天河法院、广州中院裁审衔接立案数超过500件，得分为100分，白云法院、从化法院裁审衔接立案数分别为453件和371件，得75分；南沙法院和增城法院立案数为204件和133件，得50分；还有7家法院裁审衔接立案数不足100件，其中数量最少的法院仅2件，得25分（见表5-5）。由此可见，广州各法院"裁审衔接关联"发展极不平衡，整体上有待提升，特别是部分法院的裁审衔接关联工作尚处于起步阶段，功能发挥欠佳。

表5-5　　　　　　　广州法院裁审衔接关联得分

法院名称	裁审衔接立案数（件）	得分（分）
广州中院	529	100.0
越秀法院	87	25.0
互联网法院	2	25.0
南沙法院	204	50.0
天河法院	645	100.0
黄埔法院	13	25.0
花都法院	60	25.0
白云法院	453	75.0
增城法院	133	50.0
荔湾法院	63	25.0
番禺法院	61	25.0
从化法院	371	75.0
海珠法院	91	25.0
平均值	208.6	48.1

"类案与法规推送"评估各法院的类案推送和法规推送功能，法规推送是指系统是否智能推送案件相关的法规条文，考量推送法律法规、司法解释的全面性、更新时效。有该功能的，得50分；最近更新时间少于1个月的，得50分；超过1个月的不得分；类案推送是指系统是否智能推送类案信息，有该功能，得100分；没有的，不得分。

全市13家法院均能够通过广州综合业务系统实现法规与类案推送，并且实现了每月定时及时更新，这项指标得分均为100分。2018年，全国支持简单条件类案推送的法院共有3107家，占总数的89.5%，尚有10.5%的法院无法实现该功能；能够基于案情的全要素匹配进行类案推送的法院2814家，占81.1%，尚有18.9%法院无法实现该功能；全国支持法规推送的法院共有3015家，占总数的86.9%，尚有13.1%的法院无法实现法规推送。广州13家法院全面实现这些类案和法规推送功能，实现率高于全国平均水平，这与广州法院成立了类案识别重大项目攻关小组，探索基于司法人工智能的计算机辅助裁判技术有密切关系。

（五）卷宗电子化

电子卷宗随案同步生成是全业务网上办理的基础性工作，也是近年来人民智慧法院建设的重中之重。最高人民法院院长指出："电子卷宗随案同步生成是智慧法院建设基础中的基础，是审判智能化的源泉。"2019年，电子卷宗随案同步生成和深度应用工作在全国法院全面展开。本次评估中二级指标"卷宗电子化"在"智能审判"指标中权重为25%，是"智能审判"二级指标中权重最高的指标。该指标平均得分59.6分，整体得分率较低，下设4项三级指标——"电子卷宗随卷生成""电子案卷比例""裁判文书自动生成情况"和"数字审委会应用"，占比分别为25%、25%、30%和20%。

1. 电子卷宗随卷生成

其中，"电子卷宗随卷生成"指标评估该法院电子卷宗能否实现随案生成。有该功能，该项得100分；没有，则不得分。全市13家法院均能够实现电子卷宗随卷生成功能，该项得分均为满分。对比全国法院的情况看，2019年，全国支持电子卷宗随案同步生成的法院数量也已经达到3317家，占95.6%，其中，中级法院和基层法院实现分别为95.9%和95.5%。从功能实现情况上看，广州法院全部实现随案同步生成，高于全国法院电子卷宗随案同步生成的实现率。

2. 电子案卷比例

"电子案卷比例"指标评估该法院统计期内,审判系统随案生成的电子卷宗数的比例。按照计算的比值计分。具体而言,统计法院审判系统随案生成的电子卷宗数与法院受理案件总数的比例,3000%以上得100分,2000%—3000%得75分,1000%—2000%得50分,1000%以下得25分。电子案卷比例是一家法院卷宗电子化水平重要的直观反映,从"电子案卷比例"来看,统计期内,全市法院共受理案件383212件,其中,随案生成电子卷宗7659548份,法院同步生成率为1999%,也就说,平均每件案件随案生成电子卷宗接近20份,平均得分57.69分。从电子案卷数量来看,在各法院中,天河法院、越秀法院、互联网法院和海珠法院的电子案卷数量最多,都超过了100万份;从电子案卷随案生成比例来看,天河法院的电子案卷比例最高,超过了3000%,另外越秀法院、海珠法院、黄埔法院、广州中院的电子案卷比例也超过了2000%,电子案卷比例最低的从化法院,也达到了551%(见表5-6)。

表5-6　　　　　　广州法院电子案卷比例

法院名称	电子案卷数(件)	案件数(件)	电子案卷比例(%)	得分(分)
广州中院	732705	36513	2007	75
越秀法院	1223668	47380	2583	75
互联网法院	1151935	69303	1662	50
南沙法院	155589	10723	1451	50
天河法院	1355456	44965	3014	100
黄埔法院	376539	16450	2289	75
花都法院	303058	17527	1729	50
白云法院	602424	43165	1396	50
增城法院	220933	11587	1907	50
荔湾法院	211784	11989	1766	50

续表

法院名称	电子案卷数（件）	案件数（件）	电子案卷比例（%）	得分（分）
番禺法院	165632	19216	862	25
从化法院	38535	6988	551	25
海珠法院	1121290	47406	2365	75
总数/平均值	7659548	383212	1999	57.69

3. 裁判文书自动生成情况

"裁判文书自动生成情况"指标考察各法院使用智卷系统生成裁判文书情况，具体而言，统计法官使用系统生成裁判文书数与法院审结案件数的比值，分四档计分，80%以上得满分，60%—80%得2/3分，30%—60%得50分，30%以下得1/3分。

一家法院的裁判文书自动生成比例越高，说明文书自动生成功能越好用，在审判执行中发挥的作用越大。考察广州各法院使用智卷系统生成裁判文书情况，广州法院评估期间共自动生成裁判文书96354件，占审结案件数27.0%，该项指标平均得分为41.0分。智能生成文书较多的法院有越秀法院40710件、广州中院21425件、互联网法院16834件。在裁判文书自动生成比例的评估中发现，越秀法院裁判文书自动生成率达到了90.4%，广州中院57.4%、互联网法院31.0%，其余法院文书自动生成率都不高，裁判文书自动生成率最低的法院只有1.5%（见表5-7）。对比全国法院法律文书辅助生成率的情况，全国法院文书辅助生成率呈现两极分布状态。2019年，全国1306家法院的辅助生成率高于80%，占法院总数的37.6%，其中891家法院达到100%，占法院总数的25.7%，但也有1370家法院辅助生成率低于20%，占法院总数的39.5%，其中612家法院辅助生成率为0%，占法院总数的17.6%。总体而言，广州法院自动生成裁判文书的比例仍有待提升。

表 5-7　　　　广州法院裁判文书自动生成情况

法院名称	自动生成裁判文书数（件）	审结案件数（件）	裁判文书自动生成比例（%）	得分（分）
广州中院	21425	37312	57.4	50.0
越秀法院	40710	45027	90.4	100.0
互联网法院	16834	54269	31.0	50.0
南沙法院	887	10317	8.6	33.3
天河法院	5674	46083	12.3	33.3
黄埔法院	3629	15082	24.1	33.3
花都法院	2050	16612	12.3	33.3
白云法院	2556	41086	6.2	33.3
增城法院	523	11291	4.6	33.3
荔湾法院	335	12438	2.7	33.3
番禺法院	826	16842	4.9	33.3
从化法院	257	6850	3.8	33.3
海珠法院	648	43627	1.5	33.3
总数/平均值	96354	356836	27.0	41.0

4. 数字审委会应用

人民法院数字审委会有助于案件信息传递、案件材料展示、会议讨论决议、会议过程记录、审议结果归档等工作的数字化，实现审判委员会规范、高效运行，是电子卷宗具体应用的重要场景之一，从一个侧面反映出一家法院对电子卷宗应用的重视程度。本次评估中，"数字审委会应用"指标考察各法院数字审委会应用的实际情况，具体而言，统计数字审委会召开次数，一年12次以上得100分，不足12次则不得分。

考察广州法院使用数字审委会的应用情况发现，广州各法院之间数字审委会应用差异大。评估期间，广州法院共使用数字审委会410次，其中272次集中在广州中院，占总数的66.3%，另外，越秀法院80次、花都法院33次、番禺法院13

次、天河法院 12 次，其余法院则从来没有使用数字审委会召开过会议，平均分仅为 38.5 分，是"智能审判"所有三级指标中得分最低的一项指标。

（六）电子送达

送达是民事诉讼的重要制度之一，及时高效的送达对确保民事诉讼的顺利进行有积极的作用。在司法实践中，"送达难"的问题始终困扰着人民法院。2012 年修订的新《民事诉讼法》首次将电子送达纳入法院送达方式，最新的司法解释进一步细化了电子送达的规定，为法官摆脱传统送达方式束缚，提高送达速度和法律文书送达率提供了合法性依据。根据该意见，广州法院总结传统送达方式的弊端，结合当事人、法官及法院管理者的需求，将网上立案、电子送达、"广州微法院"小程序、邮政"E 键送达"等多平台的功能进行了整合，建成广州法院智慧送达平台，使送达工作做到统一管理、一键送达、全程留痕、随时可视、实时可查，大大提高了送达的效率及准确率。

二级指标"电子送达"主要评估各级法院使用邮件、短信、传真、网站等方式，现电子送达的功能和应用情况，在"智能审判"指标中权重为 10%。电子送达下设 2 项三级指标——"电子送达平台建设"和"电子送达率"，两者权重相同，评估结果显示，13 家法院的平均分为 70.0 分。

"电子送达平台建设"考察各法院是否支持各种文书种类（包括起诉书副本、受理通知书、开庭传票、举证通知书等），是否支持各种电子送达渠道——短信、微信、电子邮件、传真等，支持的得 100 分，不支持的 0 分。"电子送达率"是指电子送达数占法院受理案件数的比例，根据这一比例赋分。

评估显示，广州 13 家法院都能够实现电子送达功能，"电子送达平台建设"指标得分均为 100 分。"电子送达率"指标平均得分为 50 分，13 家法院通过电子方式共送达 175246 件次，平均电子送达率达 27.3%。互联网法院、越秀法院、白云法院 3 家法院的电子送达率超过 30%,广州中院、天河法院、黄埔法院 3 家法院的电子送达率在 20%—30% 之间,其中电子送达比例最高的互联网法院,电子送达率高达 91.0%,只有 5 家法院电子送达率不足 5%(见表 5-8)。

表 5-8　　　　　　　　广州法院电子送达率得分

法院	电子送达数(次)	受理案件数(件)	比例(%)	得分(分)
广州中院	12296	46221	26.6	66.7
越秀法院	39559	102383	38.6	100.0
互联网法院	68907	75731	91.0	100.0
南沙法院	4	20374	0.0	16.7
天河法院	19520	82771	23.6	66.7
黄埔法院	6327	30240	20.9	66.7
花都法院	2602	38962	6.7	33.3
白云法院	23319	65494	35.6	100.0
增城法院	36	26585	0.1	16.7
荔湾法院	99	23428	0.4	16.7
番禺法院	188	37074	0.5	16.7
从化法院	854	14851	5.8	33.3
海珠法院	1535	77524	2.0	16.7
总数/平均值	175246	641638	27.3	50.0

与全国法院相比较,2019 年,在平台建设方面,全国 88.2% 的法院能够支持电子送达功能。全国法院的电子送达率则相对较低,2019 年,全国法院案件的平均电子送达率为 16.9%,其中电子送达率最高的基层法院比例为 17.6%,中级法院和高级法院的电子送达率分别为 12.1% 和 11.2%,有 2548 家法院低于 20%,其中 1147 家电子送达率为 0,占法院总数的 73.5%。

由此可见，全国法院的电子送达率低于广州法院的电子送达率，广州法院的电子送达率超过全国平均水平的1.6倍，电子送达工作走在全国法院的前列。

（七）电子签章

电子签章在法院内部应用广泛，电子签章技术在巡回审判、当庭裁判、电子送达、远程庭审等领域的应用有助于法官高效地制作、送达裁判文书，极大地方便了群众，提高了审判效率。例如，使用电子签章，调解和撤诉后即可送达调解书和裁定书；当庭宣判的案件，可"立等可取"拿到裁判文书。二级指标"电子签章"在"智能审判"指标中权重为10%，下设两项三级指标——"电子签章建成情况"和"电子签章运用情况"，权重相同。两项三级指标分别评估各法院电子签章签发案件相关文书功能及实际使用情况。具体而言，"电子签章建成情况"考察各法院是否配备电子签章系统，有则得满分，没有则不得分；"电子签章运用情况"考察评估期内法院使用电子签章签发文书数量与同期法院结案数的比值，根据这一比值赋分。

评估显示，电子签章方面13家法院平均得分为85.6分。全市13家法院都具备电子签章功能，所有法院"电子签章建成情况"这一指标为满分。在"电子签章运用水平"方面，广州法院评估期内使用电子签章共计1364089次，与所有审结案件数之比为1∶3.8，也就是说，平均每审结一件案件，使用电子签章3.8次，其中使用电子签章数量较多法院为天河法院（680877次）、越秀法院（404865次），有10家法院电子签章比例超过100%，为天河法院、越秀法院、增城法院、黄埔法院、花都法院、荔湾法院、广州中院、南沙法院、从化法院和互联网法院，占比76.9%。三家法院的电子签章比例不足100%，最少的番禺法院仅有1.9%（见表5-9）。

表 5-9　　　　　　　广州法院使用电子签章情况

法院	使用电子签章数（次）	审结案件数（件）	比例（%）	得分（分）
广州中院	43914	37312	117.7	75.0
越秀法院	404865	45027	899.2	100.0
互联网法院	54272	54269	100.0	75.0
南沙法院	11852	10317	114.9	75.0
天河法院	680877	46083	1477.5	100.0
黄埔法院	25695	15082	170.4	75.0
花都法院	24720	16612	148.8	75.0
白云法院	24893	41086	60.6	50.0
增城法院	51883	11291	459.5	100.0
荔湾法院	14811	12438	119.1	75.0
番禺法院	312	16842	1.9	25.0
从化法院	7745	6850	113.1	75.0
海珠法院	18250	43627	41.8	25.0
总数/平均值	1364089	356836	382.3	71.2

与全国法院对照，2019 年全国共有 3211 家法院具备电子签章功能，占比为 92.5%。从平均电子签章使用率上看，2019 年全国法院平均电子签章使用率为 56.6%，广州法院电子签章率是全国法院电子签章率的 6.75 倍。数据同时显示，中级法院和基层法院的签章率，分别为 67.8% 和 54.8%。有 1030 家法院的电子签章率达到了 100%，占 29.7%，1103 家电子签章率小于 10%，其中 718 家法院的电子签章率为 0%，占法院总数的 20.7%。由此可见，从签章功能实现率、平均电子签章率、电子签章率超过 100% 的法院占比和电子签章率小于 10% 的法院占比四项数据看，广州法院都远高于全国法院平均水平。

（八）审判流程提示

审判流程的有效管理，对于强化审判管理、提升审判质效至关重要。通过智能方式对审判流程进行提示，能够有效规范审判执行行为，切实提升审判执行效能，缓解当前案多人少的压力。"审判流程提示"指标在"智能审判"指标中权重占10%，指标下设2项三级指标——"审判流程节点提示功能"和"审判流程节点提示应用"，权重相同。

"审判流程节点提示功能"指标考察各法院向法官提示送达、开庭、保全、解除保全、结案等案件流程节点提示的能力，有该项功能得满分，没有则不得分。"审判流程节点提示应用"指标考察各法院向法官提示送达、开庭、保全、解除保全、结案等案件流程节点提示的数量和应用情况。根据评估期间向法官发送的案件提醒短信数量与法院结案数的比值赋分。

评估显示，审判流程提示指标13家法院的平均得分为76.0分。其中，13家法院全部能够实现审判流程节点提示功能，指标得分为100分。在应用方面，广州法院在评估统计期间共发送案件提醒短信96966条，相当于同期结案数量的27.2%。该项指标全市法院平均得分为51.9分，在"智能审判"的所有三级指标中得分率比较低，其中，互联网法院在统计期内向法官发送的案件提醒短信54269条，案均发送提示比例最高，提示短信数与结案数比值为100%；花都法院、白云法院、增城法院和天河法院在统计期内共向法官发送提示短信数也均在结案数的20%以上；其余8家法院发送提示短信数量都不足法院结案数的20%（见表5-10）。

从全国法院的审判流程节点提示情况看，全国共有3226家法院能够自动为法官提供办理案件的送达、开庭、保全、解除保全、结案等流程节点信息，占比达93.0%，但由于没有全国法院向法官发送提示短信具体统计数字，此项尚无法比较。

表5-10　　　　广州法院审判流程节点提示得分

法院	短信提示数（条）	审结案件数（件）	比例（%）	得分（分）
广州中院	3401	37312	9.1	25.0
越秀法院	4809	45027	10.7	50.0
互联网法院	54269	54269	100.0	100.0
南沙法院	436	10317	4.2	25.0
天河法院	9225	46083	20.0	75.0
黄埔法院	438	15082	2.9	25.0
花都法院	6349	16612	38.2	100.0
白云法院	10790	41086	26.3	75.0
增城法院	2360	11291	20.9	75.0
荔湾法院	373	12438	3.0	25.0
番禺法院	2544	16842	15.1	50.0
从化法院	281	6850	4.1	25.0
海珠法院	1691	43627	3.9	25.0
总数/平均值	96966	356836	27.2	51.9

（九）移动办公办案

"移动办公办案"指标在"智能审判"指标中权重为10%，下设两项三级指标——"移动办公系统建成情况"和"移动办公水平"，权重相同。其中，"移动办公系统建成情况"指标考察各法院支持工作人员利用移动终端办公和支持法官利用移动终端办案的情况，法院有该功能，得100分；没有的，不得分。"移动办公水平"指标考察各法院利用移动终端办案办公情况，具体而言，考察各法院使用"法官通"App活跃人数与法官总人数的比值，按照比值高低赋分。

评估结果显示，全市13家法院平均得分为76.9分。全市13家法院均具备移动办公办案这一功能，这项指标得分均为满分。实际上，广州法院不仅实现了移动办公办案，而且通过手机App"法官通"以及广州微法院小程序，法官可以使用管理在办案件、网上立案等办案功能,也可以应用答复12368咨询、信访管理等管理诉讼事务功能,以及安排日程等办公功能。从全国法院评估情况看,2019年,全国法院共有2604家法院支持移动办公,占75.0%;2433家支持移动办案,占70.1%,共有2349家法院同时具备移动办公和移动办案两项功能,占67.7%;尚有782家均不具备上述两项功能,占22.5%。可见,在移动办公办案方面,广州法院依然排在全国法院的前列。

"移动办公水平"指标评估结果显示,全市法院使用"法官通"活跃人数为612人,占全市法官人数的52.7%,也就是说,超过半数法官会经常使用"法官通"App,为其移动办公提供帮助,平均得分53.8分。其中使用法官通活跃人数较多法院为广州中院(222人)、花都法院(87人)、从化法院(81人)和越秀法院(60人);使用"法官通"活跃人数比例较高的法院有互联网法院(235.7%[1])、从化法院(165.3%)、花都法院(116.0%)和广州中院(105.2%)。但是也有部分法院的"法官通"普及率不高,有的法院使用"法官通"的活跃人数尚不足20人,活跃人数比例不到10%(见表5-11)。

表 5-11　　　　　　　广州法院移动办公办案得分

法院	使用"法官通"活跃人数(人)	法官数(人)	比例(%)	得分(分)
广州中院	222	211	105.2	100.0
越秀法院	60	128	46.9	50.0
互联网法院	33	14	235.7	100.0
南沙法院	19	56	33.9	50.0

---

[1] 部分法院使用"法官通"活跃人数比超过100%的原因在于该法院的法官助理、书记员等司法辅助人员和司法行政人员也经常使用"法官通"。

续表

法院	使用"法官通"活跃人数（人）	法官数（人）	比例（%）	得分（分）
天河法院	14	109	12.8	25.0
黄埔法院	25	80	31.3	50.0
花都法院	87	75	116.0	100.0
白云法院	7	107	6.5	25.0
增城法院	11	72	15.3	25.0
荔湾法院	18	74	24.3	25.0
番禺法院	18	95	18.9	25.0
从化法院	81	49	165.3	100.0
海珠法院	17	91	18.7	25.0
总数/平均值	612	1161	52.7	53.8

三 广州智慧法院高效执行

(一) 高效执行概况

2016年3月，最高人民法院提出"两到三年基本解决执行难"的工作目标，经过全国法院三年的不懈努力，人民法院的执行工作发生历史性变化，实现了跨越式发展，在这一历史进程中，法院信息化发挥了至关重要的作用。无论是执行案件的集中管理、执行过程的公开透明、执行工作的统一指挥、执行财产的查询控制，还是与有关部门的执行联动、对失信被执行人的信用惩戒，都必须以信息化为基础。信息化与执行工作的深度融合，推动了执行工作在"查人找物"方面的重大变革，给财产处置带来了深刻变革，实现了对执行办案节点的精准管理，推动了社会诚信体系建设，确保了执行管理的"一竿子插到底"，让执行工作更加高效、规范、透明、廉洁。本次评估将"高效执行"作为智慧法院的一级指标，权重占基础指标的15%。

"高效执行"下设3项二级指标,分别是"执行指挥中心""网上执行"和"执行惩戒"。据统计,13家受评估的广州法院智慧法院第三方评估高效执行的平均得分为82.4分。"执行指挥中心"下设1项三级指标——"执行指挥中心建设",得分为100分;"网上执行"综合得分为76.4分,下设4项三级指标"网上查询""网上冻结、扣划""执行案件流程信息管理覆盖度""网拍率";"执行惩戒"综合得分为79.6分,下设4项三级指标"执行惩戒系统建成情况""限高消费""弹屏短信应用""失信彩铃应用"(见图5-4)。综上,广州法院的"高效执行"指标中,执行指挥中心建设比较完善,而网上执行和执行惩戒功能还有进一步提升的空间。在5项一级指标中得分低于组织保障和自动化管理。整体而言,广州"高效执行"建设成果成效显著,信息化在人民法院推进"基本解决执行难"过程中发挥了举足轻重的作用,基本上实现了"执必果"的目标。

从各法院的得分情况来看,全市法院得分集中在80—90分区间内,其中广州中院93.5分,独占鳌头;南沙法院、荔湾法院、花都法院、越秀法院、天河法院、黄埔法院、增城法院、番禺法院、白云法院、从化法院10家法院的得分也都超过了80分,"高效执行"指标得分超过80分的法院11家,占84.6%,70分以下仅1家(详见表5-12)。

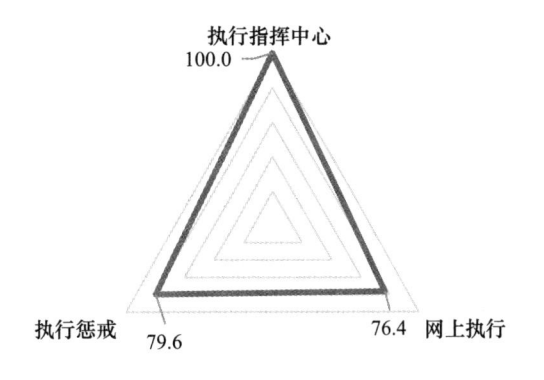

图5-4 广州法院"高效执行"二级指标得分(分)

表 5-12　　　　广州各法院"高效执行"评估得分　　　　单位：分

法院名称	各法院高效执行评估得分
广州中院	93.5
越秀法院	85.0
互联网法院	65.5
南沙法院	84.0
天河法院	87.5
黄埔法院	83.0
花都法院	80.5
白云法院	85.5
增城法院	83.0
番禺法院	86.0
荔湾法院	82.0
从化法院	80.5
海珠法院	75.5
平均值	82.4

（二）执行指挥中心

与审判工作相比，执行工作更强调全国一盘棋，更需要上级法院对下级法院的监督和管理，为此，最高人民法院以执行指挥中心为抓手，推动执行指挥中心实体化运作，打造现代化执行管理模式。法院通过执行指挥中心，让符合执行工作特点的"三统一"管理模式真正落地，上级法院对下级法院的管理可以"一竿子插到底"，这一管理模式让管理者"耳聪目明"，执行工作实现"全国法院一盘棋"的格局。

二级指标"执行指挥中心"在"高效执行"中权重为20%，下设1项三级指标"执行指挥中心建设"。该指标主要评估广州各法院执行指挥中心建设和功能情况，包括各法院是否建设执行指挥中心，各法院的建设执行指挥中心是否与最高人民法院执行指挥中心连通；是否对执行工作进行监督等。具体而言，法院建成指挥中心并实体化运行、指挥中心与上级法院联通、支持对执行工作进行远程监督，得满分，没有则不得分。

评估发现，所有13家广州法院都实现了执行指挥中心的实体化运行，实现了指挥中心与上级法院的联通，都支持对执行工作进行远程监督、值班巡查，13家法院该项指标得分都是满分。

从全国法院的情况来看，全国法院执行指挥中心信息化支撑也都较为有力，2019年有3437家法院建设执行指挥中心，占99.0%；3430家法院实现了与最高人民法院执行指挥中心连通，占98.8%；3345家法院具备指导指挥、值班巡查功能，占96.4%，全国共有3330家法院同时实现三项考察功能，占96.0%；尚有22家法院未实现，仅占0.6%。

从各级法院执行指挥中心与最高人民法院执行指挥中心连通情况看，全国所有高级法院均已实现，中级法院实现比例达到98.8%，基层法院实现比例也达到了98.8%。从各级法院执行指挥中心指导指挥值班巡查实现情况看，2019年全国所有高级法院均已实现，中级法院和基层法院实现的比例也达到98.5%和96.3%。

从执行指挥中心的建设情况来看，广州各法院的执行指挥中心依托信息系统归口负责全部执行案件的网络查控和案件快速流转，已经实现对全市法院执行工作的统一管理、统一指挥、统一协调。全市基层法院执行指挥中心实现与广州中院执行指挥中心远程视频指挥平台的全面对接，处于全国领先地位。

（三）网上执行

网上执行是法院信息化最重要的内容，使插上高科技的翅膀的执行工作，事半功倍，人民群众的诉权能得到更好的保障、更快地实现。"网上执行"指标在"高效执行"中权重为40%，下设 4 项三级指标"网上查询""网上冻结、扣划""执行案件流程信息管理覆盖度""网拍率",权重分别相同。

1. 网上查询

网上查询系统的指标主要考察各级法院使用天平查控网查控查询案件的情况,其包括以下两方面内容:天平查控网的查询率,即天平查控网查询的案件数与同期法院执行案件结案数比例,根据网上查询率赋值,查询率超过 500% 得满分,300%—500% 得 50 分,300% 以下得 25 分。

广州法院除了通过最高人民法院"总对总"财产查控网进行查控外,还开发"点对点"的"天平执行查控网",这可以使执行工作更加高效和及时。天平执行查控网实现了房地产、车辆、银行存款查询、冻结、划扣全部在网上完成,查控范围覆盖至存款、理财、基金、土地、房屋、车辆等最重要的财产类型,以及人口户籍信息、企业工商登记资料等被执行人基本信息。从评估结果看,全市 13 家法院都能够实现网上查询这一功能,平均分为 96.2 分。网上查询已属于广州法院执行办案的必经程序,广州所有法院中 12 家法院的网上查询率都超过了 500%,这项指标得分为 100 分。其中,花都法院的网上查询率高达 939.7%。网上查询率较低的为海珠法院,查询率为 485.5%,得分为 50 分。广州法院网上查询率整体上比较高,为广州法院实现"执必果"提供了坚实的基础。

2. 网上冻结、扣划系统

网上冻结、扣划系统这一指标权重主要考察各法院利用天平查控网冻结、扣划案件占全部执行的实际使用比例,即天平查控网的冻结、扣划查询次数与同期执行案件结案数比值,按照比值的高低赋分,比值超过 10%,得 100 分;比例 5%—10%,得 75 分;低于 5%,得 50 分,0 件则不得分。

从评估结果看,全市 13 家法院都能够实现网上查控这一功能,但是不同法院网上冻结、扣划的比例差异比较明显。评估期内,广州法院共通过网上冻结、扣划案件6195件,占所有执结案件的3.1%。该项指标平均得分54分。其中,网上冻结、扣划案件数量多的法院有白云法院998件、越秀法院893件、番禺法院844件、南沙法院744件、天河法院643件、广州中院619件,网上冻结、扣划案件比例高的法院为南沙法院11.4%、广州中院6.6%和白云法院6.0%,互联网法院绝大多数案件通过直接扣划支付宝账号等方式执行,故该法院通过天平网冻结扣划案件数量为0(见表5-13)。

表5-13 广州各法院网上冻结、扣划得分

法院	网上冻结、扣划数量(件)	执结案件数(件)	比例(%)	得分(分)
广州中院	619	9313	6.6	75
越秀法院	893	48321	1.8	50
互联网法院	0	602	0.0	0
南沙法院	744	6552	11.4	100
天河法院	643	30472	2.1	50
黄埔法院	269	10629	2.5	50
花都法院	441	15210	2.9	50
白云法院	998	16578	6.0	75
增城法院	156	10539	1.5	50
荔湾法院	196	9052	2.2	50
番禺法院	844	18231	4.6	50
从化法院	279	6173	4.5	50
海珠法院	113	18649	0.6	50
总数/平均值	6195	200321	3.1	54

3. 执行案件流程信息管理覆盖度

执行流程信息是指执行审批流程,即考察执行全业务线上办理的推进情况,主要有15个常用流程:执行冻结审批、执行

扣划审批、执行期限调整审批、案件中止审批流程、恢复执行审批流程、调整承办法官审批、执行主体变更审批流程、文书审批、文书会签、退款审批、案款转移审批、提交评估鉴定审批、提交拍卖审批、执行边控审批、执行结案审批。

执行案件流程信息管理覆盖度指标主要考察各级法院执行信息管理对法院、人、案件、节点的覆盖面。具体而言，执行流程信息覆盖超过15项的，得满分；10—15项，得三分之二分数；10项以下，得三分之一分数。

从评估结果看，目前，广州法院已经与最高人民法院执行案件流程信息管理系统进行了全部对接，执行信息管理系统也实现对广州法院执行干警以及全部执行案件100%覆盖。全市法院"执行案件流程信息管理覆盖度"平均得分为92.3分，每个法院约有14.5项流程信息纳入审批管理。其中，白云法院、花都法院覆盖了16项流程信息管理信息，广州中院、越秀法院、天河法院、番禺法院、南沙法院、从化法院、增城法院7家法院覆盖了15项流程信息管理信息，上述9家法院都得了100分。还有4家法院覆盖了12项或13项流程信息管理信息（见图5-5）。

从全国法院情况看，全国法院执行案件流程信息管理也已经达到了较高的水平，全国对接最高人民法院执行案件流程信息管理系统的法院执行系统达到99.8%，执行信息管理系统对执行干警的覆盖率高达99.3%，对执行案件的覆盖率达到99.7%，执行节点信息的覆盖率到达99.7%。

4. 网拍率

网络拍卖在执行中的地位越来越重要，在执行被执行人财产时，绝大多数案件要通过司法拍卖进行财产变现。司法网拍提升了财产处置的透明度，减少了拍卖成本，成交率、溢价率大幅攀升，并斩断了利益链条，压缩了寻租空间。

网拍率指标考察各法院使用网络拍卖平台开展司法拍卖的情况。广州13家法院都能够实现网络拍卖功能，本次评估的重

中国法院信息化建设的广州经验

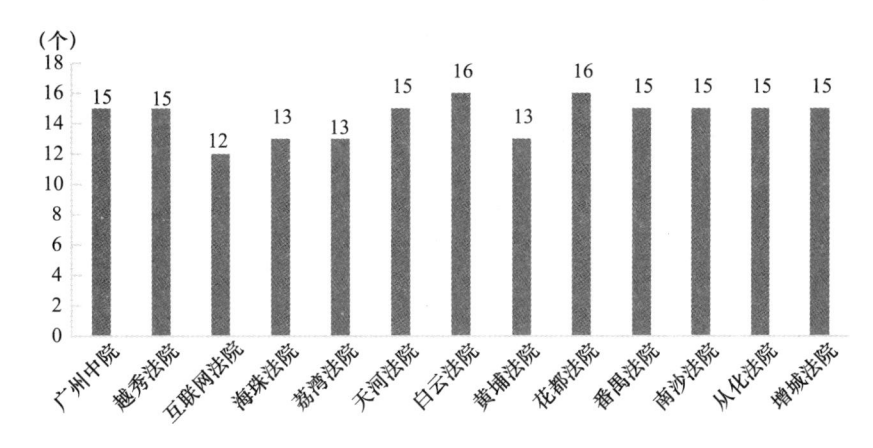

图 5-5 执行案件审批覆盖的流程节点数

点则为网络拍卖的情况，即通过网络拍卖次数与同期执行案件结案数的比例，来评估各法院网络拍卖的实际应用效果。网络拍卖比例超过10%，得100分；比例5%—10%，得75分；比例2%—5%，得50分；比例低于2%，得25分。

从评估结果看，全市13家法院网拍的数量和比例差异比较大。从网拍的数量来看，广州法院评估期间共实施网络拍卖13362次，其中，天河法院、广州中院、越秀法院、增城法院和花都法院都超过了1000件；从网拍数量与执结案件的比例来看，广州中院为25.1%，增城法院为10.7%，天河法院、从化法院、黄埔法院和花都法院的网拍数量与执结案件的比例也超过了5%。该项指标广州法院的平均得分为63分（见表5-14）。

表 5-14　　　　　　　　广州各法院网络拍卖情况

法院	网拍数量（件）	执结案件数（件）	比例（%）	得分（分）
广州中院	2342	9313	25.1	100
越秀法院	1844	48321	3.8	50
互联网法院	0	602	0	0
南沙法院	190	6552	2.9	50

续表

法院	网拍数量（件）	执结案件数（件）	比例（%）	得分（分）
天河法院	2872	30472	9.4	75
黄埔法院	787	10629	7.4	75
花都法院	1081	15210	7.1	75
白云法院	612	16578	3.7	50
增城法院	1123	10539	10.7	100
荔湾法院	630	9052	7.0	75
番禺法院	735	18231	4.0	50
从化法院	470	6173	7.6	75
海珠法院	676	18649	3.6	50
总数/平均值	13362	200321	6.7	63

与全国法院相比较，据统计，2019年全国有3429家法院实现了网络司法拍卖，占比高达98.8%。其中，高级法院网络司法拍卖已实现100%覆盖，具备网络拍卖功能的中级法院和基层法院各有405家和2992家，占比均达到98.8%。而广州两级法院已经实现了网络拍卖功能全覆盖。

（四）执行惩戒

"执行惩戒"是对拒不履行法律义务的失信被执行人的惩罚措施。"执行惩戒"指标主要考察各法院建设失信惩戒平台以及实现对失信被执行人惩戒的情况，在"高效执行"中权重为40%，下设4项三级指标"执行惩戒系统建成情况""限高消费""弹屏短信应用""失信彩铃应用"，占"执行惩戒"的权重分别为40%、40%、10%和10%。

1. 执行惩戒系统建成情况

"执行惩戒系统建成情况"指标用以考察各法院是否建设失信被执行人信用惩戒管理系统，能否实现与执行办案系统、联合惩戒单位的数据对接,用于采集、发布、纠正、屏蔽管理失信被执行人。

评估结果显示,13家广州法院都建成了执行惩戒系统,并具有失信惩戒的功能,该项指标全部法院均得满分。从全国法院的情况看,目前全国已有90.6%的高院(29家)建成失信惩戒平台。广州法院失信惩戒平台的建成率高于全国水平。

2. 限高消费

限制失信被执行人高消费是执行惩戒的重要环节之一,"限高消费"指标是考察各法院限制高消费的实施情况,具体而言,即评估将各法院限高消费发布次数与同期执行案件结案数,根据比值高低赋分。该比值超过60%,得100分;比例30%—60%,得75分;低于30%,得50分。

评估显示,广州法院在评估期内,共发布限高消费155543次,与同期执行案件结案数比值为77.6%,平均得分为88分。限高消费发布次数较多的法院有越秀法院44069次,天河法院24400次、海珠法院19942次、番禺法院14692次和白云法院11854次。限高消费发布比例较高的法院包括海珠法院106.9%①、越秀法院91.2%、黄埔法院83.1%、番禺法院80.6%和天河法院80.1%(见表5-15),比例最低的法院也都在40%以上。由此可见,大部分广州法院重视限高消费,并通过信息化手段及时发布限高消费的通告。

表5-15　　　　　　广州各法院限高消费情况

法院	限高消费发布次数(次)	执结案件数(件)	比例(%)	得分(分)
广州中院	5558	9313	59.7	75

---

① 由于一个案件可能存在多个被执行人、部分案件尚未审结等原因,个别法院限高消费发布次数与同期执行案件结案数相比超过100%。

续表

法院	限高消费发布次数（次）	执结案件数（件）	比例（%）	得分（分）
越秀法院	44069	48321	91.2	100
互联网法院	329	602	54.7	75
南沙法院	2812	6552	42.9	75
天河法院	24400	30472	80.1	100
黄埔法院	8838	10629	83.1	100
花都法院	8242	15210	54.2	75
白云法院	11854	16578	71.5	100
增城法院	5487	10539	52.1	75
荔湾法院	6246	9052	69.0	100
番禺法院	14692	18231	80.6	100
从化法院	3074	6173	49.8	75
海珠法院	19942	18649	106.9	100
总数/平均值	155543	200321	77.6	88

3. 弹屏短信应用

弹屏短信是最新科技在法院工作中的运用，当事人收到弹屏短信后，如果不阅读点击确认，手机是无法进行其他操作的，确保当事人接受和阅读短信内容。该功能用于法官强制通知当事人信息，避免个别当事人漏看法院通知短信。在执行工作中，部分法院通过发送弹屏短信的方式向当事人送达执行通知、限制高消费令等，要求其尽快履行义务。弹屏短信应用指标权主要考察各法院弹屏短信应用情况，具体而言，弹屏短信发出次数，大于2000条得100分，1001—2000条得75分，51—1000条得50分，1—50条得25分，0条不得分。

评估期间，广州法院共发出弹屏短信7561条，主要集中在广州中院等少数法院，其中广州中院一家发出弹屏短信7335条，占广州法院弹屏短信的97.0%，其余法院弹屏短信数均不足 100 条，另外有 7 家法院没有使用弹屏短信（见表 5-16），该项指标平均得分仅为 21 分，弹屏短信应用还有待在各法院中进一步普及使用。

4. 失信彩铃应用

失信彩铃是法院利用现代通信手段敦促被执行人尽快履行法定义务的一种新手段。具体而言，对以各种方式抗拒、规避执行，有能力履行而不履行生效法律文书确定义务等行为的失信被执行人，法院向通信公司出具协助执行通知书，为失信被执行人的电话号码，强制开通失信彩铃功能，所有拨打被开通此业务的被执行人电话的人都可以听到失信彩铃内容，通过这种方式加大对失信被执行人的曝光力度，进一步督促被执行人自觉履行义务。在执行工作中，部分法院通过发送失信彩铃的方式敦促被执行人尽快履行义务，起到了较好的实际效果。失信彩铃应用指标用于考察各法院失信彩铃应用情况，具体而言，失信彩铃发出次数大于 200 条得 100 分，101—200 条得 75 分，21—100 条得 50 分，1—20 条得 25 分，0 条不得分。

评估期间，广州法院共发出失信彩铃 488 条，主要集中在番禺法院、广州中院等少数法院，其中番禺法院发出失信彩铃 275 条，广州中院发出失信彩铃 208 条，两家法院发出失信彩铃数合计占广州法院失信彩铃的 99.0%，其余法院失信彩铃数均不足 10 条，另外有 8 家法院没有使用失信彩铃（见表 5-16），该项指标平均得分仅为 21 分，失信彩铃应用还有待在各法院中进一步普及使用。

表 5-16　　广州法院弹屏短信和失信彩铃应用情况

法院	弹屏短信		失信彩铃	
	数量（条）	得分（分）	数量（条）	得分（分）
广州中院	7335	100	208	100
越秀法院	96	50	1	25

续表

法院	弹屏短信		失信彩铃	
	数量（条）	得分（分）	数量（条）	得分（分）
互联网法院	0	0	0	0
南沙法院	27	25	0	0
天河法院	96	50	2	25
黄埔法院	6	25	0	0
花都法院	0	0	0	0
白云法院	0	0	2	25
增城法院	0	0	0	0
荔湾法院	0	0	0	0
番禺法院	0	0	275	100
从化法院	0	0	0	0
海珠法院	1	25	0	0
总数/平均值	7561	21	488	21

四　广州智慧法院自动化管理

（一）自动化管理概况

审判管理信息化是法院信息化的重要组成部分，信息化对审判管理的作用和意义重大。一是有助于审判管理更加精细。传统的审判管理属于粗放型管理，对影响审判质量的环节缺乏深入研究、具体手段和有效防范，审判管理效率低下。信息化手段有助于监督案件办理流程和办案进展情况，及时反馈裁判文书等信息，提升了审判管理的精细化程度。二是有助于审判管理更加准确。传统的审判管理方式中，院、庭长无法了解每个案件的详情，只能靠听取承办法官汇报来获取信息，审判管理无法精确到位。审判管理信息化可以使每个案件的审判程序、审判节点的公开、透明，并实现关联案件和类案搜索、查询，审判管理变得更加准确和有效。三是有助于审判管理更加科学。

对审判工作进行评估，离不开科学合理的审判管理指标的设置和运用。传统的审判管理缺乏一套科学的司法绩效考核评价标准和评价体系，现有的评价指标设置多不科学、不全面，导致审判管理走向异化。信息化则因可采用更加丰富多样的评价标准和手段，克服审判绩效评价中的不合理因素，可以使审判管理变得更加科学合理。四是有助于审判管理的系统性。在传统的审判管理模式下，审判管理结构是"金字塔式"的，审理管理职能分散在多个部门，包括审判事务管理办公室、审监庭、研究室、立案庭、办公室等多个部门在内的管理机构，都不同程度、不同范围地承担着审判管理的职能。管理机构和管理职能的不统一，人为分解了完整的审判管理工作，具有很强的行政化特征，造成了多头管理、政出多门的局面，管理成本大、效率低，且不能形成整体合力，难以最大限度发挥管理的作用，在某些情况下甚至给审判人员造成一些不必要的负担。信息化则可以发挥自身优势，汇聚与综合审判管理各方面信息、合理分配管理资源，使审判管理能更加系统和全面。

整体而言，广州法院的信息化建设着力于审判管理数据分析运用、案件警示和大数据辅助决策等功能，在庭审审判管理的智能化水平、推进法院科学精确管理方面取得较大进步，促进了司法公正、司法为民。本次评估将"自动化管理"作为智慧法院的一级基础指标，权重为基础指标的15%。据统计，13家受评估的广州法院智慧法院第三方评估自动化管理的平均得分为88.5分，在5项一级基础指标中得分仅次于"组织保障"。

"自动化管理"下设的2个二级指标，为"审判大数据分析"和"办公网络化水平"指标。其中，"审判大数据分析"下设4项三级指标"数据智能统计与分析""案件警示""人案关联分析"和"大数据专题分析"。"审判大数据分析"平均得分为91.9分，4项三级指标的得分分别为100分、100分、100分和19.2分。"办公网络化水平"下设4项三级指标"办公网络覆盖情况""办公 OA 系统建成情况""电子公文应用"和"内部事务线上管理",平均分为 85.1 分;4 项三级指标的得分分别为 92.3 分、100.0 分、65.4 分和 51.3 分(见图 5-6)。

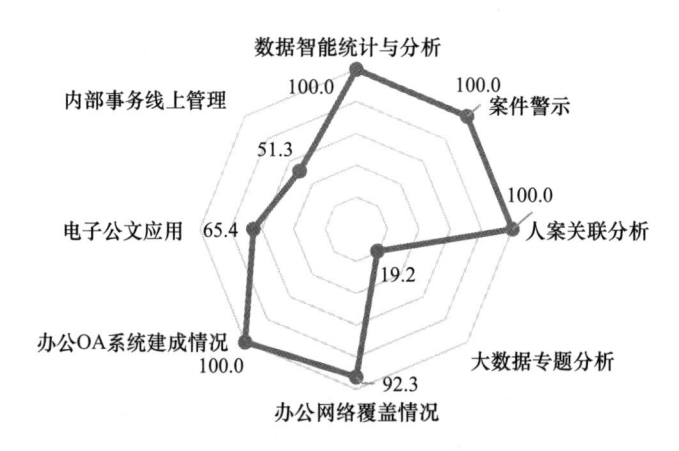

图 5-6 广州法院"自动化管理"各指标得分(分)

从图 5-6 可以看出,广州法院的"自动化管理"各项指标之间得分高低差异十分明显,"数据智能统计与分析""案件警示""人案关联分析"和"办公 OA 系统建成情况"4 项指标的得分为 100 分,办公网络覆盖情况得分为 92.3 分;与此同时,广州法院个别自动化管理指标得分较低,"电子公文应用"和"内部事务线上管理"得分不足 70 分,"大数据专题分析"指标得分只有 19.2 分,是"智慧法院"所有三级指标中得分最低的一项,这表明广州法院自动化管理水平在整体较高的情况下,仍然存在一些短板有待进一步加强和完善。

从各法院的得分情况来看,全市法院自动化管理评估得分总体较大。其中,有 7 家法院的得分超过了 90 分,占 53.8%,分别是广州中院 100 分、越秀法院 96.9 分、花都法院 95.0 分、互联网法院 93.8 分、黄埔法院、海珠法院 91.9 分、荔湾法院 90.6 分,其余 6 家法院得分介于 80—90 分之间,得分最低的法院得分也有 82.5 分(详见表 5-17)。

表5-17　　　　　广州各法院"自动化管理"评估得分

法院名称	各法院自动化管理评估得分（分）
广州中院	100.0
越秀法院	96.9
互联网法院	93.8
天河法院	82.5
南沙法院	85.6
黄埔法院	91.9
花都法院	95.0
白云法院	82.5
增城法院	82.5
番禺法院	82.5
荔湾法院	90.6
从化法院	82.5
海珠法院	91.9
平均得分	88.5

（二）审判大数据分析

"审判大数据分析"下设4项三级指标"数据智能统计与分析""案件警示""人案关联分析"和"大数据专题分析"，在自动化管理中权重为50%，下设4项三级指标的权重分别为30%、30%、30%和10%。

1. 数据智能统计与分析

"数据智能统计与分析"指标主要考察法院基于审判信息资源为法院工作提供多维度自定义统计分析能力、审判执行态势分析的能力，以及通过案件管理系统，通过大数据自动比对，实时向审判管理部门提供各类案件的收结案情况，对异常情况进行预警的实际使用情况，如某类案件同比激增、某庭或某法官收案过多/过少、收结案显著失衡等。具体而言，能够实时向审判管理部门提供各类案件的收结案情况,对部门异常情况进行预警,对法官异常情况进行预警三项功能的,各得分三分之一。

评估发现,早在2016年初,广州中院就正式建成广州法院大数据管理分析平台。大数据平台通过历史数据的历时性分析、当前数据的实时监控、当前数据的实时分析三类核心功能,为优化资源配置、加强审判管理、服务社会发展大局提供决策参考。评估显示,13家广州法院中,全部具有并能够实现科学统计法院各部门、法官的审判工作量数据,实时向审判管理部门提供各类案件的收结案情况,对部门异常情况进行预警,对法官异常情况进行预警等智能统计与分析的功能,得分均为100分。

2. 案件警示

审判管理的要在于审判流程节点的真实体现、准确记录、及时反馈和严格监督,信息化手段由于其超时空性、多样性,全面重塑审判管理模式,促进了审判管理的科学化。信息化有助于强化内部监督,如通过案件警示功能,院、庭长可以及时了解案件审理进程,将案件的运行情况始终置于严密的监控之中,实现对审判过程结果和质量效率的全面、动态、及时、有效监督。案件警示指标主要考察法官案件审理期限超期、案件保全、续冻不及时、12368回复超期以及法官在案件审理过程中出现审判流程不规范和违法时等能否自动向院、庭长提出警示。"案件警示"在自动化管理权重中占比1%。在评估期内向院、庭两级领导发送预警提示短信达到或超过100条,得满分;预警提示短信不足100条的,不得分。

评估发现,广州综合业务系统支持该项功能,全部13家法院都能够进行案件警示,在日常工作中实时向审判管理部门提供各类案件的收结案情况,对部门异常情况进行预警。在评估期内,13家法院共发送案件警示短信21229个,平均每家法院

1633 件，其中，越秀法院、天河法院、番禺法院、广州中院、白云法院、黄埔法院发送警示短信较多，都超过 2000 条，数量最多的越秀法院达到了 3813 条。综上，广州法院案件警示功能健全、运行良好。

3. 人案关联分析

"人案关联分析"主要考察法院实现人案关联分析，并根据案件类型、案件复杂度等要素科学评估法官审判工作量的能力。主要考察点包括以下两方面内容：（1）是否实现人案关联分析；（2）是否能够基于案件类型、案件复杂度等要素科学评估法官审判工作量。具备上述功能的得满分，不具备的则不得分。"人案关联分析"指标权重在自动化管理中占比 2%。

评估显示，广州 13 家均能够实现人案关联分析，各家法院得分均为满分。从全国法院的情况来看，数据显示，2019 年，全国有 29 家高院能够进行人案关联分析，占高院总数的 90.6%；法官审判工作量评估功能由 2018 年的 23 家实现提升到 2019 年的 26 家，占高院总数的 81.2%。广州两级 13 家法院全部都能够进行人案关联分析，在全国应居于领先行列。

4. 大数据专题分析

收集、管理和建模分析海量数据，可发现事物发展的某种规律，司法大数据因其专业性对社会发展趋势具有很强的预警作用，也能够深度挖掘司法规律，为司法改革提出有针对性的建议和对策。因此，从最高人民法院到基层法院都在对手中掌握的数据，进行某领域或者某专题的大数据分析。大数据专题分析辅助决策指标主要考察法院基于审判信息资源开展大数据专题分析，提出意见建议，服务法院工作和社会治理的能力，在审判大数据中权重占比为 1%。在评估期内，法院以白皮书的形式发布大数据专题分析报告的数量。具体而言，在评估期间，法院发布过大数据专题分析报告白皮书数量得 100 分，没有则不得分。

评估显示，广州综合业务系统支持大数据专题分析辅助决策功能，但是基于审判信息资源开展大数据专题分析的法院不多，发布专题白皮书的数量偏少。评估期内。13家法院仅发布白皮书14篇，平均每家法院仅1.1篇，只有荔湾法院发布白皮书7篇，得100分，另外广州中院4篇、互联网法院2篇、越秀法院1篇，其余9家法院均未发布一篇白皮书，广州法院该项指标平均得分仅为19.2分，为所有三级指标中得分率最低的一项。

(三) 办公网络化水平

办公网络化水平的高低是法院与时代契合度的直接体现。"办公网络化水平"指标考察的是法院网络化办公条件和状况，其占自动化管理指标权重的50%。"办公网络化水平"下设4项三级指标"办公网络覆盖情况""办公OA系统建成情况""电子公文应用"和"内部事务线上管理"，上述指标权重相同。

1. 办公网络覆盖情况

"办公网络覆盖情况"指标主要考察各法院办公网是否覆盖了所有法院、派出法庭，是否实现科技法庭与办案系统对接，以及办公网的速率。具体而言，办公网络上联千兆带宽得50分，百兆得25分；下联千兆带宽得50分，百兆得25分，办公网络没有覆盖不得分，两项合计100分。

评估发现，广州13家法院办公网络覆盖了所有的法院、派出法庭，该指标平均得分为92.3分。其中，广州中院、互联网法院、南沙法院、增城法院、天河法院、花都法院、白云法院、黄埔法院和海珠法院9家法院办公网络上下联都是千兆带宽，办公网络功能强大、速率快，得满分；其余4家法院从化法院、越秀法院、荔湾法院和番禺法院办公网络上联都是千兆带宽，下联则为百兆宽带，得75分。例如，荔湾法院联接上级法院为万兆带宽，联接派出法庭的是千兆带宽，但联接到个人电脑端的带宽个别旧线路仍为百兆，硬件设施还比较落后，影响该法院办公网络应用、网上开庭等的流畅度。

2. 办公 OA 系统建成情况

办公 OA 系统是办公自动化系统（Office Automation）的简称，是指采用 Internet/Intranet 技术，基于工作流概念，单位内部人员可以方便快捷地共享信息，高效协同工作的工作系统，其改变了过去复杂、低效的手工办公方式，通过迅速、全方位的信息采集、处理，为内部管理和决策提供科学依据。一个单位办公自动化程度是衡量其现代化管理的标准。办公自动化不仅提高了个人的办公效率，更重要的是群体可以协同工作，而且群体的交流与协调可以瞬间完成，大幅提升了工作效率。在法院内部办公 OA 系统主要用于内部行政事务审批网上流转，主要包括休假申请、用车申请、物品领用等。"办公 OA 系统建成情况"指标主要考察各法院有否建成办公 OA 系统，有则得 100 分，没有则不得分。

评估发现，广州 13 家法院都建成了比较完备的办公 OA 系统，得分均为 100 分。

3. 电子公文应用

"电子公文应用"指标考察各法院支持法院工作人员利用移动网络在线办公的情况。简言之，主要考察两方面内容，一是各法院收文、阅文、办文应用情况，即根据 OA 收文流转数量评估赋值，2000 件以上得 100 分，2000 件以下得 50 分，0 件不得分。二是各法院发文报审应用情况，即根据 OA 发文数量评估赋值，500 件以上得 100 分，200—500 件得 75 分，11—200 件得 50 分，10 件以下得 25 分，0 件不得分。

评估发现，广州 13 家法院都实现了移动办公的公文起草、审批、查阅的功能，各法院 OA 收文流转数量整体较大，所有法院得分均为 100 分。评估期内广州法院通过 OA 收文流转 58484 件，平均每家法院 4499 件，其中数量最多的增城法院达到 8913 件；广州各法院 OA 发文报审情况则差异较大，评估期内广州法院通过 OA 发文报审 7143 件,平均每家法院 549 件,但是这些发文报审主要集中在越秀法院、广州中院、花都法院三家,其余法院通过 OA 发文报审均不足 1000 件,3 家法院通过 OA 发文报审数量为 0 件(见表 5 – 18)。

表 5 – 18　　　　　　广州各法院电子公文应用得分

法院	各法院 OA 收文、阅文、办文情况		各法院 OA 发文报审情况	
	数量(件)	得分(分)	数量(件)	得分(分)
广州中院	5320	100	1058	100
越秀法院	4347	100	4365	100
互联网法院	2868	100	27	50
南沙法院	3757	100	5	25
天河法院	3484	100	0	0
黄埔法院	5175	100	276	75
花都法院	2520	100	1026	100
白云法院	4085	100	0	0
增城法院	8913	100	0	0
荔湾法院	3959	100	52	50
番禺法院	3746	100	3	25
从化法院	4922	100	2	25
海珠法院	5388	100	329	75
总数/平均值	58484	100	7143	48.1

4. 内部事务线上管理

"内部事务线上管理"指标考察各法院通过 OA 系统进行休假管理、用车、司法装备等业务信息化管理的情况。具体而言,根据法院通过 OA 系统休假、用车、物品领用、用警申请数量赋值。

评估发现,广州中院 2016 年就开发建设了"法官通"移动服务平台，法官可在"法官通"App上办理远程办公、休假、用车和司法装备等多项事项申请，院、庭领导可以在法官通上面进行用车审批、休假审批等等。但在实际应用过程中，各法院通过OA系统进行内部事务线上管理的应用水平差异较大，评估期间，广州各法院通过OA系统事项线上管理91183次，平均每家法院7014次，其中越秀法院、黄埔法院、广州中院都超过了10000次，也有部分法院数量较少，只有几百次。更有甚者在评估期间从未通过OA系统线上管理内部事务。由于应用的不均衡性，广州法院该项指标平均得分仅为51.3分（见表5-19）。

从全国法院来看，支持移动办公的法院有2604家法院，占75.0%，广州法院整体上移动办公覆盖率和水平远远走在全国法院前列。但是，广州法院也存在一些问题，最突出的是各个法院之间移动办公实际应用频度和效果参差不齐，部分法院存在有功能但是未实际使用的状况，今后有待加强各法院自动化管理之间的均衡度。

表5-19　　　　　广州各法院内部事务线上管理得分

法院	线上管理数量（次）	得分（分）
广州中院	15729	100.0
越秀法院	25011	100.0
互联网法院	1672	33.3
南沙法院	5284	66.7
天河法院	5140	66.7
黄埔法院	24069	100.0
花都法院	1954	33.3
白云法院	5986	66.7
增城法院	0	0.0
荔湾法院	3419	33.3

续表

法院	线上管理数量（次）	得分（分）
番禺法院	288	16.7
从化法院	109	16.7
海珠法院	2522	33.3
总数/平均值	91183	51.3

五　广州智慧法院优质服务

国家治理体系和治理能力现代化为人民法院诉讼服务提出了发展要求，信息化则提供了智慧法院的发展机遇。党的十八大以来，中央协调推进"四个全面"战略布局，全面深化改革和全面依法治国有机统一、相辅相成。党的十八届三中全会以"全面深化改革"为主题，提出"完善和发展中国特色社会主义制度，推进国家治理体系和治理能力现代化"的总目标；党的十八届四中全会以"全面推进依法治国"为主题，提出"建设中国特色社会主义法治体系，建设社会主义法治国家"的总目标。2019年10月，党的十九届四中全会在总结党的十八大以来工作的基础上，对坚持和完善中国特色社会主义制度、推进国家治理体系和治理能力现代化作出全面部署。审判体系和审判能力现代化，是国家治理体系和治理能力现代化的重要组成部分，是全面依法治国的重要基础。[1] 2014年8月，全国法院第二次信息化工作会议召开，最高人民法院提出"促进审判体系和审判能力现代化"的发展目标。[2] 全面深化改革和全面依法治

---

[1] 《不断推进审判体系和审判能力现代化——四论深入学习贯彻党的十九届四中全会精神》，《人民法院报》2019年11月22日第1版。

[2] 罗书臻：《周强在第二次人民法院信息化工作会议上强调：全面加强人民法院信息化建设　努力实现审判体系审判能力现代化》，《人民法院报》2014年8月23日第1版。

国战略布局与国家治理体系和治理能力现代化战略的有机融合，为法院信息化和智慧法院建设创造了广阔的发展空间，为人民法院拓展智慧诉讼服务、实现诉讼服务现代化提供了难得的发展机遇。法院信息化和智慧法院建设是司法的一场重要革命，其不仅通过技术手段创新审判方式，提升了审判体系和审判能力现代化的水平，还为法院服务人民群众提供了机遇，如通过信息化，法院可为人民群众提供智能服务、拓宽服务渠道、深化服务效果、提高服务质量等。

（一）优质服务概况

为当事人提供智能化的诉讼服务是智慧法院建设的重要内容，是新时代人民法院坚持以人民为中心发展思想、服务国家治理体系和治理能力现代化的重要表现。智慧法院建设可以使各项司法工作更好地适应人民群众多元化司法需求，让司法更加贴近人民群众，让人民群众切实感受到公平正义。

整体而言，广州法院借助信息化建设在为当事人和律师提供便利的诉讼服务方面做了不少努力，如"12368""微信小程序"等，开辟了一些司法为民的新领域和新窗口，司法服务水平和能力都有了长足进步。但是与此同时，广州法院在诉讼服务的有效性、优质性、普及性方面还有一进步提升的空间。本次评估将"优质服务"作为智慧法院的一级指标，权重为30%，是"智慧法院"指标中权重最大的一项指标。"优质服务"下设的3个二级指标——"司法公开""网络建设"和"远程服务"指标，权重分别占优质服务的30%、20%和50%。据统计，13家受评估的广州法院智慧法院第三方评估优质服务的平均得分为65.7分，是5项基础指标中得分最低的一项。

从二级指标司法公开的得分情况来看，"司法公开"下设4项三级指标，分别为"庭审公开""审判案件摘要信息公开""裁判文书公开"和"执行信息公开"，广州法院此项指标平均得分为58.6分;"网络建设"指标下设4项三级指标,分别为"信息更新性""网上立案系统""刑事案件远程提审系统""民事、行政案件网上开庭系统",广州法院平均得分为100分;"远程服务"下设6项三级指标,分别为"网上立案应用""在线缴费""远程接访""网上调解""刑事案件远程开庭""民事、行政案件互联网网上开庭",广州法院此项指标平均得分为56.3分(见图5-7)。

从各法院的得分情况来看,全市法院"优质服务"得分差距比较大。仅有广州中院1家法院的得分在90分及以上区间,为90.0分;黄埔法院、互联网法院得分介于70—80分之间,其中互联网法院75.5分、黄埔法院74.3分;其余10家法院得分均低于70分;得分最低的是海珠法院,仅为48.7分(见表5-20)。

表5-20　　　　广州各法院"优质服务"评估得分　　　　单位:分

法院名称	各法院优质服务评估得分
广州中院	90.0
越秀法院	63.3
互联网法院	75.5
南沙法院	67.4
天河法院	67.5
黄埔法院	74.3
花都法院	61.8
白云法院	56.4
增城法院	68.3
荔湾法院	61.2
番禺法院	67.4
从化法院	54.8
海珠法院	48.7
平均值	65.7

由此可见，广州法院"优质服务"的 3 项二级指标之间得分参差不齐，其中，"网络建设"水平较高，"司法公开"和"远程服务"指标得分较低，说明广州法院为当事人提供服务的网站和功能建设比较完备，但是通过信息化手段促进司法公开的力度以及远程服务当事人水平还存在一定的提升空间。

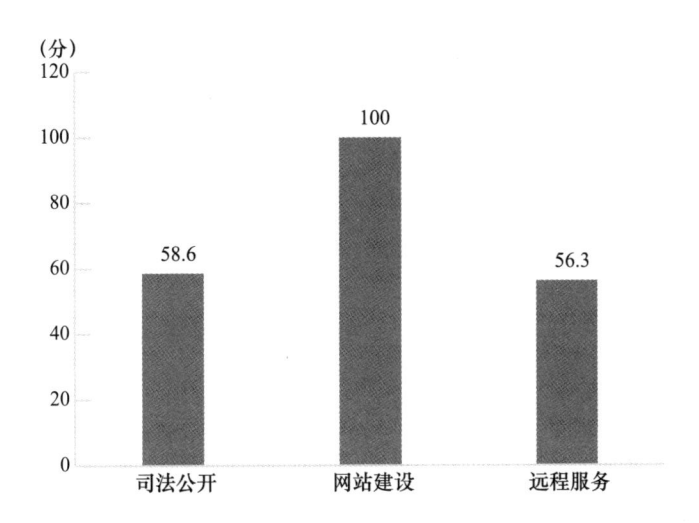

图 5-7 广州法院"优质服务"二级指标得分

（二）司法公开

"司法公开"指标下设 4 项三级指标，分别为"庭审公开""审判案件摘要信息公开""裁判文书公开"和"执行信息公开"，主要评估广州各法院利用法院信息化进行司法公开的状况，4 项指标权重相同。

1. 庭审公开

庭审公开指标主要考察各法院通过互联网直播案件庭审视频、音频的情况。具体而言，评估各法院庭审直播率，即庭审直播次数与同期法院审结案件数的比值，根据比值的高低赋分，比例超过 40% 的，得 100 分，庭审直播数/同期审判案件结案数，比例超过 20%，得 80 分；比例 10%—20%，得 60 分；比例不足 10%，得 40 分。

评估显示，广州 13 家法院全部接入中国庭审公开网，能够进行庭审直播。评估期内，广州法院共庭审直播 80628 次，占审结案件数的 22.6%，平均得分为 67.7 分。从庭审直播数量来看，评估期内，天河法院、广州中院和白云法院都超过了 10000 件，其中天河法院一年时间内庭审直播案件 22522 件，另外越秀法院，庭审直播超过 5000 次；从庭审直播率来看，评估期内，广州法院的庭审直播率为 22.6%，其中，广州中院庭审直播率最高，达到了 53.7%，天河法院、从化法院庭审直播率也都超过了 40%；白云法院的庭审直播率超过 20%。但是，也有部分法院庭审直播率还有待提高，2 家法院的庭审直播率不足 10%，最低的法院庭审直播率只有 3.7%，与其他法院差距较大（见表 5-21）。

表 5-21　　　　　　　　广州法院庭审公开情况

法院	庭审直播次数（次）	审结案件数（件）	比例（%）	得分（分）
广州中院	20031	37312	53.7	100.0
越秀法院	6120	45027	13.6	60.0
互联网法院	2012	54269	3.7	40.0
南沙法院	1890	10317	18.3	60.0
天河法院	22522	46083	48.9	100.0
黄埔法院	2156	15082	14.3	60.0
花都法院	2211	16612	13.3	60.0
白云法院	10961	41086	26.7	80.0
增城法院	1717	11291	15.2	60.0
荔湾法院	1735	12438	13.9	60.0
番禺法院	1293	16842	7.7	40.0
从化法院	3122	6850	45.6	100.0
海珠法院	4858	43627	11.1	60.0
总数/平均值	80628	356836	22.6	67.7

广州法院开展庭审网络直播较早。自1996年番禺"12·22"特大劫钞案开全国法院庭审直播先河以来,广州法院不断健全完善庭审网络直播工作机制,2016年在全国法院中率先实现"法官人人有直播,法院天天有直播,案件件件可直播"。该年,广州中院直播的两件案件入选全国十大"最受关注案件",全市有4名法官获评优秀直播法官。自2017年起,在历年的庭审直播评选中,广州中院直播案件始终数居全国各中院首位,获评"优秀直播法院"。广州法院还积极推进对本区域法治教育意义大、社会影响面广、群众关注度高,尤其是涉民生、推进依法行政、提升社会法治观念等具有代表性又可控案件的庭审网络直播工作。推出小鸣单车破产案、曹刚集资诈骗案、毒保姆杀人案等受社会广泛关注案件直播,其中曹刚集资诈骗案累计观看人数超过365万人次,取得了良好的社会效果。

与全国法院庭审直播的情况相比较,2019年全国有3468家法院接入中国庭审公开网,实现了庭审直播,占比高达99.9%。但是从庭审直播率来看,全国法院庭审直播率只有33.2%,中级法院和基层法院的庭审直播率分别只有25.6%和34.2%,直播率高于60%的法院只有1052家,占30.3%,有602家法院庭审直播率低于10%,占17.3%。由此可见,从庭审直播情况来看,广州中院的庭审直播率高达53.7%,远高于全国法院平均水平,而广州基层法院庭审直播率只有19.0%,低于全国法院平均数值。

2. 审判案件摘要信息公开

"审判案件摘要信息公开"指标主要考察各法院审判案件摘要信息公开情况。具体而言,根据审判案件摘要信息与同期审结案件数的比例赋分,比例超过20%,得100分,15%—20%之间,得75分,10%—15%之间,得50分,1%—10%得25分,低于1%则不得分。

评估显示,广州各法院审判案件摘要信息公开情况参差不齐，评估期内共公开137109条案件摘要信息，占所有审结案件的38.4%。部分法院公开率高，例如，越秀法院和互联网法院审判案件摘要信息公开率达到100%，黄埔法院和番禺法院的公开率达到70%以上。但是，也有部分法院审判案件摘要信息公开率不高，甚至从来没有公开过，其中有7家法院审判案件摘要信息公开率为0（见表5-22）。

表5-22　广州法院审判案件摘要信息公开情况

法院	审判案件摘要信息公开数（条）	审结案件数（件）	比例（%）	得分（分）
广州中院	13462	37312	36.1	100.0
越秀法院	45027	45027	100.0	100.0
互联网法院	54269	54269	100.0	100.0
南沙法院	0	10317	0.0	0.0
天河法院	0	46083	0.0	0.0
黄埔法院	11415	15082	75.7	100.0
花都法院	0	16612	0.0	0.0
白云法院	0	41086	0.0	0.0
增城法院	0	11291	0.0	0.0
荔湾法院	936	12438	7.5	25.0
番禺法院	12000	16842	71.3	100.0
从化法院	0	6850	0.0	0.0
海珠法院	0	43627	0.0	0.0
总数/平均值	137109	356836	38.4	40.4

3. 审判案件裁判文书公开

审判案件裁判文书公开是司法公开的重要环节之一，党的十八大以来，最高人民法院积极推动裁判文书公开为此还出台了《关于人民法院在互联网公布裁判文书的规定》，之后，裁判文书上网公开逐渐成为各级人民法院的共识。随着中国裁判文书网的不断升级改版，中国裁判文书网实现了根据案由、案号、当事人、法院、案件类型、审判人员、律师、法律依据和全文的高级检索，中国法院的裁判文书公开工作取得了长足进步。截至2020年6月12日，中国裁判文书网共公布全国各级法院生效裁判文书9400余万篇，访问量超过452亿次，访客来自全球210多个国家和地区，成为全球最大的裁判文书网。

"审判案件裁判文书公开"主要考察各法院裁判文书公开的情况。本次评估主要考察各法院审判案件裁判文书公开数量与同期审判案件结案数的比例，根据比例高低赋值。比例超过80%，是第一档，得100分；比例60%—80%得66.7分；比例30%—60%得33.3分；比例低于30%，得16.7分。

评估显示，在评估期内，广州法院共计公开裁判文书225843件，占审结案件数的63.3%，平均得分62.8分。从裁判文书公开数量上看，天河法院、越秀法院、广州中院、海珠法院和白云法院公开的裁判文书数量都在20000件以上；从裁判公开率来看，裁判文书公开率超过80%的法院有天河法院（88.8%）、花都法院（86.1%）、广州中院（83.8%）、增城法院（82.2%）和越秀法院（81.0%）5家，占38.5%，裁判文书公开率超过60%的法院还有番禺法院（70.4%）、荔湾法院（64.8%）（见表5-23）。但是也有部分法院裁判文书公开率不高，如互联网法院文书公开率只有19.9%，拉低了全市法院裁判文书的平均公开率。

从全国法院裁判文书公开情况看，目前，全国法院裁判文书公开达到了较高的水平。2019年全国法院裁判文书公开率为65.3%，其中基层法院比例较高，达到67.4%；其次是中级法院和高级法院，分别为66.8%和28.9%。与全国法院相比，广州中院的裁判文书公开率高于全国平均水平17.0个百分点，基层法院公开率则略低于全国平均水平。

表5-23　广州法院审判案件裁判文书公开情况

法院	裁判文书公开数（件）	审结案件数（件）	比例（%）	得分（分）
广州中院	31271	37312	83.8	100.0
越秀法院	36477	45027	81.0	100.0
互联网法院	10791	54269	19.9	16.7
南沙法院	4775	10317	46.3	33.3
天河法院	40910	46083	88.8	100.0
黄埔法院	7323	15082	48.6	33.3
花都法院	14304	16612	86.1	100.0
白云法院	22564	41086	54.9	33.3
增城法院	9276	11291	82.2	100.0
荔湾法院	8057	12438	64.8	66.7
番禺法院	11858	16842	70.4	66.7
从化法院	4092	6850	59.7	33.3
海珠法院	24145	43627	55.3	33.3
总数/平均值	225843	356836	63.3	62.8

4. 执行文书公开

"执行文书公开"指标主要考察各法院通过公开执行案件信息的功能和应用情况，即评估法院执行文书公开情况。具体而言，本次评估主要考察执行文书公开数量与同期执行案件结案数的比例，根据比例高低赋值。比例超过80%，得100分；比例60%—80%得75分；比例30%—60%得50分；比例低于30%，得25分。

评估显示，在评估期内，广州法院共计公开执行文书105828件，占执结案件数的52.8%，平均得分63.5分。从执行文书公开数量上看，天河法院、越秀法院、番禺法院和花都法院公开执行文书数量都在10000件以上；从执行文书公开率来看，公开率超过80%的法院有广州中院（85.3%）、增城法院

(84.0%) 2家，执行文书公开率超过60%的法院有番禺法院（75.1%）、黄埔法院（71.5%）、花都法院（69.8%）和从化法院（62.4%），其余7家法院执行文书公开率不足60%，最低的是荔湾法院，执行文书公开率只有23.6%，远低于全市法院执行文书的平均公开率（见表5-24）。

表5-24　　　　　广州法院执行文书公开情况

法院	执行文书公开数（件）	执结案件数（件）	比例（%）	得分（分）
广州中院	7943	9313	85.3	100.0
越秀法院	16080	48321	33.3	50.0
互联网法院	187	602	31.1	50.0
南沙法院	3596	6552	54.9	50.0
天河法院	16648	30472	54.6	50.0
黄埔法院	7602	10629	71.5	75.0
花都法院	10612	15210	69.8	75.0
白云法院	5218	16578	31.5	50.0
增城法院	8852	10539	84.0	100.0
荔湾法院	2139	9052	23.6	25.0
番禺法院	13697	18231	75.1	75.0
从化法院	3851	6173	62.4	75.0
海珠法院	9403	18649	50.4	50.0
总数/平均值	105828	200321	52.8	63.5

（三）网络建设

"网络建设"指标下设4项三级指标，分别为"信息更新性""网上立案系统""刑事案件远程提审系统"和"民事、行政案件网上开庭系统"，主要评估广州各法院为当事人提供服务的网站和系统的建设情况。4项指标权重各占25%。

1. 信息更新性

"信息更新性"指标主要通过评估各法院网站发布内容的及时性,如开庭公告等内容是否依法及时发布。具体而言,网站内容最近更新时间在1个月以内的,得100分;更新时间超过1个月,不足两个月的,得50分;超过2个月未更新的不得分。

评估发现,广州13家法院网站信息更新都十分及时,不存在1个月以上未更新网站信息的法院,所有法院信息更新性指标得分均为100分。

从全国法院政务网站更新率来看,2019年全国2153家法院政务网站更新率小于一周,占法院总数的62.1%。需特别说明的是,有947家法院每天更新信息内容,占法院总数的27.3%。结果同时也显示,有36家法院政务网站超过半年未进行更新,占法院总数的1.0%。

2. 网上立案系统

"网上立案系统"指标考察各法院通过互联网支持诉讼参与人网上立案和网上预约立案的功能。具体而言,法院支持在线立案功能,得100分;不支持,则不得分。

评估显示,13家广州法院网上立案支持率达100%,得分为100分。从全国的情况来看,2019年全国有97.8%的法院支持网上立案,各级法院相比2017年和2018年均有所增长,其中高级法院的实现比例首次达到100%,中级法院和基层法院的实现比例也均有较大幅度的提升,分别达到99.3%和97.6%(见图5-8)。

3. 刑事案件远程提审系统

"刑事案件远程提审系统"指标考察各法院是否建立了刑事案件远程提审系统,并能够通过该系统实现刑事案件的远程提审功能。具体而言,法院支持刑事案件远程提审功能的,得100分;不支持,则不得分。

评估显示,受评估的13家广州法院中,除了广州互联网

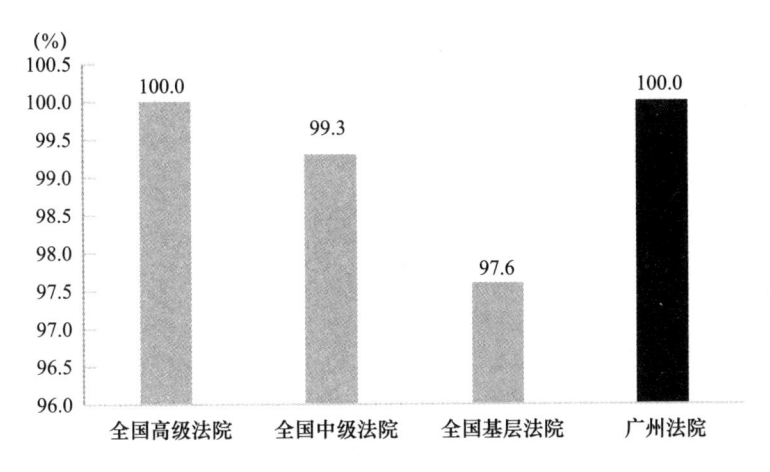

图 5-8　全国与广州法院网上立案功能实现率对比

法院无刑事审判职能，未建立刑事案件远程提审系统外，其他 12 家法院都建立了刑事案件远程提审系统，得分均为 100 分。

4. 民事、行政案件网上开庭系统

"民事、行政案件网上开庭系统"指标考察各法院是否建立了互联网网上开庭系统，并能够通过该系统实现民事、行政案件网上开庭功能。具体而言，法院支持民事、行政案件互联网网上开庭功能的，得 100 分；不支持，则不得分。

评估显示，13 家广州法院都建立了民事、行政案件网上开庭系统，都能够在互联网上开庭审理民事和行政案件，得分均为 100 分。对比全国法院网上开庭功能的建设情况，2019 年全国支持网上开庭的法院只有 2018 家，占法院总数的 58.2%。其中支持网上开庭功能的中级法院和基层法院，分别只有 62.7% 和 57.4%。可见，广州法院的网上开庭功能建设比较完备，走在全国法院前列。

（四）远程服务

"远程服务"指标下设 6 项三级指标，分别为"网上立案应

用""在线缴费""远程接访""网上调解""刑事案件远程开庭"和"民事、行政案件互联网网上开庭",权重分别为20%、20%、10%、10%、10%和30%①,是指标体系中下设三级指标最多的一项二级指标,主要评估广州各法院通过网站等为当事人、律师提供诉讼服务的实际能力和运行情况。广州法院的平均得分为65.3分。

1. 网上立案应用

"网上立案应用"指标考察各法院通过互联网申请立案的实际应用情况。具体而言,按照网上申请立案数与法院同期立案数的比例赋值,比例超过80%,得100分;比例60%—80%得66.7分;比例30%—60%得33.3分;比例低于30%,不得分。

评估显示,广州13家法院在评估期间共受理网上立案465878件,网上立案率高达82.6%,平均得分为82.1分。其中,越秀法院、互联网法院、天河法院、白云法院、海珠法院网上受理立案申请数量较多,均超过50000件,互联网法院、越秀法院、番禺法院、广州中院、天河法院和增城法院6家法院网上立案率较高,均超过80%。所有法院的网上立案率都超过了60%,网上立案率最低的法院也达到了62.4%(见表5-25)。

表5-25　　　　　广州法院网上立案应用情况

法院	网上申请立案数(件)	立案案件数(件)	比例(%)	得分(分)
广州中院	7015	8089②	86.7	100.0
越秀法院	87957	98359	89.4	100.0
互联网法院	78104	70243	111.2	100.0

---

① 其中互联网法院不审理刑事案件,其"刑事案件远程开庭"得分以"民事、行政案件互联网网上开庭"得分折算。

② 二审案件一般通过初审法院移送立案,因此,广州中院同期立案数只计算一审及执行案件数,不计算二审案件数。

续表

法院	网上申请立案数（件）	立案案件数（件）	比例（%）	得分（分）
南沙法院	11544	18492	62.4	66.7
天河法院	64691	77186	83.8	100.0
黄埔法院	21732	29342	74.1	66.7
花都法院	26889	34297	78.4	66.7
白云法院	41443	59750	69.4	66.7
增城法院	18938	22761	83.2	100.0
荔湾法院	13743	22004	62.5	66.7
番禺法院	31549	36080	87.4	100.0
从化法院	9578	13529	70.8	66.7
海珠法院	52695	74028	71.2	66.7
总数/平均值	465878	564160	82.6	82.1

与全国法院的网上立案情况相比较，2019年，全国法院网上立案率一审民商事和行政案件占一审民商事和行政案件受理总数的33.2%。其中，高级法院的网上立案率达到86.6%，中级法院和基层法院的网上立案率分别为48.9%和32.7%。2019年，全国共有2265家法院网上立案率低于20%，其中375家网上立案数为0，占法院总数的10.8%。广州法院的网上立案率远高于全国法院网上立案率。

2. 在线缴费

"在线缴费"指标考察各法院通过互联网支持诉讼参与人进行网上缴费的功能和应用情况。只有实现在线缴费功能，网上立案才能发挥更大的作用。具体而言，考察各个法院在线缴费笔数与同期立案数的比例，根据比例高低赋值，比例超过80%，得100分；比例60%—80%，得75分；比例30%—60%，得50分；低于30%，得25分。

评估显示，13家广州法院全部支持在线缴费功能，在线缴费支持率达100%，得分均为100分。评估期间，广州法院共实现在线缴费229393笔，占全部立案案件数的38.7%，平均得分为51.9分。总体上说，广州法院在线缴费率并不低，但是存在两个问题：一是在线缴费率远低于在线立案率，尚不足在线立案率（82.6%）的一半，也就是说，半数以上的当事人在线申请立案后，仍然选择去线下缴费，使当事人在线立案的意义大打折扣；二是各法院在线缴费率差别较大。在线缴费比例高的法院，如南沙法院和番禺法院分别达到了87.4%和84.1%，但也有4家法院在线缴费率不足30%（表5-26）。

表5-26　　　　　　　广州法院在线缴费情况

法院	在线缴费（笔）	立案案件数（件）	比例（%）	得分（分）
广州中院	22327	36513	61.1	75.0
越秀法院	17257	98359	17.5	25.0
互联网法院	15121	70243	21.5	25.0
南沙法院	16164	18492	87.4	100.0
天河法院	32012	77186	41.5	50.0
黄埔法院	13978	29342	47.6	100.0
花都法院	14703	34297	42.9	50.0
白云法院	32684	59750	54.7	50.0
增城法院	7603	22761	33.4	50.0
荔湾法院	8801	22004	40.0	50.0
番禺法院	30361	36080	84.1	100.0
从化法院	3194	13529	23.6	50.0
海珠法院	15188	74028	20.5	25.0
总数/平均值	229393	592584	38.7	51.9

与此同时，全国有2486法院支持网上缴费，占法院总数71.6%。其中高级法院有24家支持网上缴费功能，达到75%，中级法院有294家支持该功能，占71.7%；基层法院中有2168

家支持网上缴费,占 71.6%(见图 5-9)。从全国法院的实际应用效果来看,2019 年,全国法院有 32.9% 的缴费案件实现了网上缴费。全国法院网上缴费率普遍较低,2397 家法院网上缴费率低于 20%,其中 1569 家法院网上成功缴费案件数为 0,占法院总数的 45.2%。由此可见,全国具备网上缴费功能的法院远低于在线立案功能,也远低于广州法院,网上缴费率也远低于广州法院平均网上缴费率。

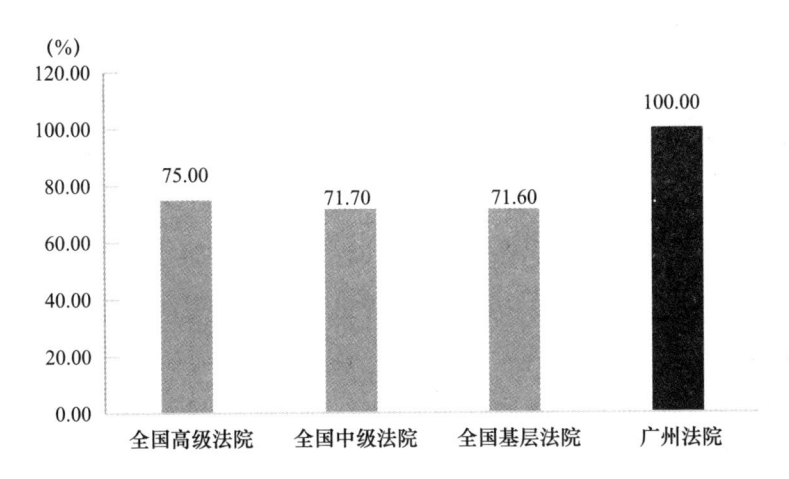

图 5-9 全国与广州法院网上缴费功能实现率对比

3. 远程接访

"远程接访"指标考察各法院视频接访系统的功能及使用情况。主要是法院是否具备视频接访功能。具体而言,本指标分两部分内容考察法院的远程接访,其一为法院支持远程接访功能,有则得 50 分;不支持,则不得分;其二为远程接访次数,5 次以上得 50 分,1—4 次得 25 分,0 次不得分。

评估显示,13 家广州法院都支持远程接访功能,远程接访功能支持率达 100%,但是,在评估期间,所有法院都未通过远程接访系统接待过当事人的信访,该项评分均为 0 分。因此,"远程接访"指标广州法院平均得分仅为 50 分。

从全国的情况来看，32家高级法院均具备视频接访功能，但是实际使用效果也不好，视频接访功能并未得到充分利用。全国法院视频接访率连续三年使用比例不足1%，2018年全国法院共视频接访133次，仅占法院信访总数的0.05%，2019年，进一步下降至0.04%，12个高院及辖区法院从未使用过视频接访功能。由此可见，包括广州法院在内的全国法院虽然均具备视频接访功能，但是视频接访使用率几乎为零，可见对该项业务系统的需求度不高的原因值得分析。全国视频接访功能处于闲置状态，视频接访数量少不是因为信访数量少，而是视频接访的条件苛刻，对当事人的要求较高，在数字鸿沟面前，此项设计的良好应用还有很长的路要走。

4. 网上调解

"网上调解"指标考察各法院利用互联网调解案件纠纷的功能和应用情况。具体而言，考察各法院网上调解的数量，网上调解数10000件以上得100分，1001—10000件得75分，101—1000件得50分，100件及以下得25分，没有则不得分。

评估显示，13家广州法院都支持网上调解功能。与全国法院对比，2019年全国87.7%的法院支持网上调解，其中高级法院占比最高，达到93.8%，中级法院和基层法院的支持率，分别占比为89.0%和87.5%。由此可见，广州中院、广州基层法院网上调解的支持比例均高于全国中、基层法院的支持率（见图5-10）。从另一个角度看，广州各个法院之间网上调解数量差异较很大，评估期间，互联网法院网上调解数为39586件，占广州法院网上调解数的89.6%。这与互联网法院以网上开庭为主要审理方式有关。此外，广州中院、白云法院、黄埔法院和南沙法院网上调解数也在100件以上（见表5-27），其他法院网上调解数量则相对较少。

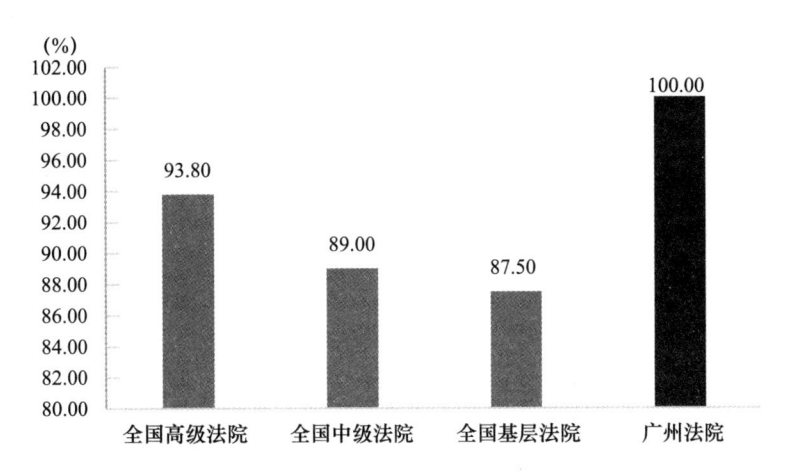

图 5-10　全国与广州法院网上调解功能实现对比

表 5-27　　　　　　广州法院网上调解案件情况

法院	网上调解数（件）	得分（分）
广州中院	3834	75
越秀法院	0	0
互联网法院	39586	100
南沙法院	149	50
天河法院	15	25
黄埔法院	170	50
花都法院	1	25
白云法院	406	50
增城法院	6	25
荔湾法院	29	25
番禺法院	0	0
从化法院	1	25
海珠法院	0	0
总数/平均值	44197	35

5. 刑事案件远程开庭

"刑事案件远程开庭"指标考察各法院的刑事案件通过法院

内部刑事案件远程提审系统,连接看守所的视频室以及检察院视频室,实现刑事案件的远程提审、开庭功能的应用情况。具体而言,考察各法院刑事远程开庭与刑事开庭数的比例,并根据比例高低赋值,远程开庭比例超过80%,得100分;比例60%—80%,得75分;比例30%—60%,得50分;低于30%,得25分。

评估显示,除了互联网法院外,① 评估期间,全市其他12家法院都采用远程方式进行刑事案件的提审、开庭,共远程开庭9654次,占刑事案件开庭数的40.3%,平均得分为54.2分。其中,刑事案件远程开庭数较多的法院,有海珠法院(1740个)、白云法院(1354个)、黄埔法院(1320个)、天河法院(1199个);刑事案件远程开庭比例较高的法院有广州中院86.9%、黄埔法院81.0%、海珠法院72.8%。有部分法院刑事案件远程开庭比例较低,如从化法院、番禺法院、花都法院的刑事案件远程开庭比例都不足20%(表5-28)。

表5-28　　　　　广州法院刑事案件远程开庭情况

法院	刑事案件远程开庭数(个)	刑事案件开庭数(个)	比例(%)	得分(分)
广州中院	357	411	86.9	100.0
越秀法院	807	1811	44.6	50.0
南沙法院	250	766	32.6	50.0
天河法院	1199	2429	49.4	50.0
黄埔法院	1320	1629	81.0	100.0
花都法院	373	3142	11.9	25.0
白云法院	1354	2686	50.4	50.0
增城法院	975	2268	43.0	50.0

① 广州互联网法院没有刑事案件,故该项不计分。

续表

法院	刑事案件远程开庭数（个）	刑事案件开庭数（个）	比例（%）	得分（分）
荔湾法院	592	1438	41.2	50.0
番禺法院	531	4030	13.2	25.0
从化法院	156	963	16.2	25.0
海珠法院	1740	2389	72.8	75.0
总数/平均值	9654	23962	40.3	54.2

6. 民事、行政案件网上开庭

"民事、行政案件网上开庭"指标考察各法院通过互联网支持诉讼参与人进行民事、行政案件网上开庭的功能和应用情况。项目组对广州13家法院的民事、行政案件网上开庭情况分两个阶段进行考察。第一阶段是2019年4—12月，根据各法院民事、行政案件互联网开庭次数赋值，100次以上得100分，10—99次得75分，10次以下得50分，0次不得分；第二阶段是2020年1—3月，属于疫情暴发期间，广州法院互联网开庭数量大幅增加，故单独统计民事、行政案件互联网开庭数，500次以上100分，200—499次得75分，100—201次得50分，100次以下25分，0次不得分。

评估显示，评估期间，广州法院共计网上开庭审理民事、行政案件5790件，其中，2019年4—12月网上开庭2847次，2020年1—3月网上开庭2943次。2019年4—12月，广州法院网上开庭几乎是广州互联网法院一家独秀，互联网法院网上开庭次数2210次，占广州法院网上开庭数的77.6%，其余法院只有4家进行了网上开庭，其中网上开庭数超过100次的只有荔湾法院、南沙法院2家。2020年1—3月，各法院的网上开庭则全面开花。受新冠肺炎疫情影响，法院的线下开庭困难重重，广州法院的网上开庭则呈现从无到有、从少到多的态势，2020

年1—3月，网上开庭数就超过2019年9个月时间，9家法院网上开庭数超过100次，民事、行政案件的网上开庭在全市法院迅速普及开来（见表5-29）。

表5-29　广州法院民事、行政案件网上开庭情况

法院	2019年4—12月		2020年1—3月		网上开庭合计（次）
	互联网开庭次数（次）	得分（分）	互联网开庭数（次）	得分（分）	
广州中院	19	75	221	75	240
越秀法院	0	0	36	25	36
互联网法院	2210	100	927	100	3137
南沙法院	173	100	219	75	392
天河法院	0	0	257	75	257
黄埔法院	0	0	350	75	350
花都法院	2	50	127	50	129
白云法院	0	0	108	50	108
增城法院	0	0	396	75	396
荔湾法院	443	100	153	50	596
番禺法院	0	0	65	25	65
从化法院	0	0	18	25	18
海珠法院	0	0	66	25	66
总数/平均值	2847	32.7	2943	55.8	5790

从2020年1—3月的网上开庭率来看，广州法院整体的网上开庭率为9.6%，其中网上开庭率超过10%的法院有南沙法院、互联网法院、增城法院、黄埔法院和番禺法院5家。在新冠肺炎疫情发生期间，广州法院的互联网网上开庭系统发挥了更重要的作用，2020年第一季度，广州法院互联网网上开庭数量比2019年二到四季度期间的网上开庭数量还多96件。

对比全国法院的网上开庭率，2019年全国仅有1.5%的一

审民商事和行政案件实现了网上开庭。其中,中级法院为8.8%,基层法院仅为1.3%,有2535家法院民事案件网上开庭数为0,占法院总数的73.1%。由此可见,广州法院网上开庭率方面也远超过全国平均的网上开庭率。

六 广州智慧法院制度建设和组织保障

智慧法院建设具有系统多、开发周期长、建设投入大、维护成本高等特点,建立完善的组织机制是智慧法院科学规划、有序建设、实施有效的重要保障。以广州中院为例,该院把智慧法院建设作为"一把手工程"来抓,成立了以院长为组长的信息化建设工作领导小组,在办公室设立了自动化科,专门负责信息化的日常管理工作。为解决技术人员不足问题,2001年在全省范围内率先建立社会化服务机制,目前常驻广州中院的社会化服务机构技术人员有20余人,完善的机构+充足的技术力量,保证干警对软件系统提出的新需求均能快速实现。在本次评估中,广州法院在13家法院中名列前茅,与全国各项可比较的信息化建设相比,大都领先全国水平,有的领域甚至大幅超出全国平均水平。

"组织保障"指标考察的是广州各法院是否成立了智慧法院领导小组及办公室,该领导小组及办公室是否发挥了规划、统筹、领导全院智慧法院建设的作用,该指标权重占基础指标的10%。据统计,13家受评估的广州法院都成立了智慧法院领导小组及办公室,"组织保障"指标的平均得分为100分,是所有五项智慧法院基础标准中得分最高的一项。

七 广州智慧法院创新应用

"面向未来,开放融合"是广州智慧法院建设的基本理念之一,因此,广州法院在建设智慧法院时不断开拓创新,勇于尝试,将最新的科技创新成果成功应用于广州法院审判执行工作实践中,促进广州智慧法院建设勇立潮头,保持全国领先地位。

"创新应用"指标主要考察各法院利用最新的5G、区块链、大数据、云计算、人工智能、物联网等智慧法院创新应用的数量,以及这些创新技术应用、系统使用情况、可复制可推广情况。该指标是加分指标,分值10分,旨在鼓励各法院积极创新。每一项创新的评分标准是创新的程度、难度和效果,如全国首创加2分,全省首创加1分,切实解决工作中的痛点、难点加2分,使用效果良好加1分。每项创新至多加5分,每家法院至多加10分。

评估显示,在13家广州法院中,有7家法院因"智慧法院"创新应用获得了加分,其中,广州中院创新应用项目最多,计7项,分别为启动了全国首个5G智慧法院建设,探索5G智慧法院标准,建设私有云、桌面云、法官移动办案办公体系,建设智能诉讼服务体系,进行智慧庭审体系建设,建立送必达、执必果体系,建立智慧破产系统以及全国首创授权见证通,累计27分,按照封顶10分计入总分。

互联网法院和白云法院,各有6项创新应用。互联网法院的创新应用分别是E法亭建设、网通法链建设、建设在线多元解纷平台、在线纠纷"类案批量智审系统"上线、"点即达"智能短信送达服务以及上线网络著作权纠纷全要素审判"ZHI系统",累计20分,按照封顶10分计入总分。白云法院的创新应用分别是云法智检——智慧安检系统建设,云法讼宝——智慧诉讼服务系统建设,云法迅达——智慧送达系统建设,云法智调——矛盾纠纷多元化解平台建设,云法智审——智慧庭审与智慧执行指挥平台建设以及云法智保——智慧后勤保障管理系统建设,累计5分。

越秀法院、南沙法院,各有5项。越秀法院的创新应用是建立移动审委会 App，建立数字阅卷平台，建设案卷物流跟踪管理系统，进行全国首家四方异地远程开庭、远程作证，建设立审执金融平台，累计 7 分；南沙法院的创新应用分别是司法 AI 智能语音机器人、5G 线上远程庭审、互动显示系统（VR 模拟法庭）、基于物联网的远程执行指挥系统以及建立 rfid 智能档案库，累计 9 分。

黄埔法院、天河法院 2 项。黄埔法院的 2 项创新应用分别是建设人民陪审员管理平台和上线"掌上家事调查员"App，累计 4 分；天河法院的创新应用分别是建立金融一体化平台和建设在线多元化矛盾调解平台，累计 3 分。

八　广州各法院的智慧法院建设评估

早在 2017 年 3 月，广州中院就成立全市法院智慧法院建设工作领导小组，由广州中院院长担任组长，统筹谋划全市法院的智慧法院建设工作。

由于信息化建设具有涉及系统多、开发周期长、建设投入大、维护成本高等特点，建立完善的后端保障机制是智慧法院规划科学、有序建设的重要保障。广州法院建立了完善的信息化建设保障机制。一是健全的管理机构和有效的社会化服务机制。二是成熟的系统引入和资源共享机制。一个业务系统建设从零起步，还需数年的开发和试运行。考虑到这个因素，在系统建设上优先考虑引入成熟系统。2000 年底，广州法院把在其他中院应用了 5 年的审判流程管理系统进行移植，前后只用 2 个月的时间就在广州两级法院正式应用，大幅节省了前期开发费用。三是必要的经费保障和合理的分配使用。广州法院中院高度重视经费保障和使用管理，实行信息化建设项目专家设计、咨询制度。在硬件建设方面，首先考虑够用，再考虑适当超前，但不过于超前。在软件开发方面，先是审判业务，后是日常办公业务；先建立基础数据系统，后建立分析应用系统；先基层应用试点，后两级法院推广使用；优先考虑引入成熟系统，避免自主研发费用过大。四是完善的规划保障制度。为确保智慧法院建设的可持续性，广州法院2004年以来先后制定五个"三年规划"。科学规划和制度设计避免了信息化建设在个别地方出现的项目轰轰烈烈启动，快速建设，隆重验收，然后无声搁置，数年后重新投入的现象。五是透明的招标过程和严格的项目审核验收制度。在项目实施前后，除严格按政府采购规定招标、审核验收外，实施专家设计、咨询制度，尤其是复杂项目，专家咨询贯穿设计、实施全过程；实施交叉评阅制度，在工程项目招标文书制作时，将招标文书草稿交有意投标的公司提出商务和技术意见，有效防止招标文书偏向、造成不公；实施试运行后验收制度，项目验收在成功上线后再进行，避免技术性功能完成后就验收，造成仓促开发的系统不实用。

项目组根据"广州法院智慧法院评估指标体系"对广州13家法院进行分别评估，并将评估的分析结果和主要的不足之处列明，以便各法院参考，有针对性地提升本法院的信息化建设水平。

（一）广州中院

评估显示，广州中院作为评估中唯一的中级法院，对整个广州法院的信息化建设起到了引领作用和带头作用。广州中院在评估中得分为102.6分，其中基础分92.6分，创新应用加分10分，高于全市平均值20.9分，在所有法院中排名第一。具体而言，在"智慧法院"5项一级指标中，组织保障为100分，智能审判、高效执行、自动化管理、优质服务四项指标得分分别为88.6分、93.5分、100分和90.0分，都超过平均分10分以上，其中高效执行、自动化管理、优质服务3项指标在全市均排名第一，创新应用加分也获得了满分（图5-11）。总体而言,广州中院智慧法院建设能力突出,各项指标在全市均处于领先地位。

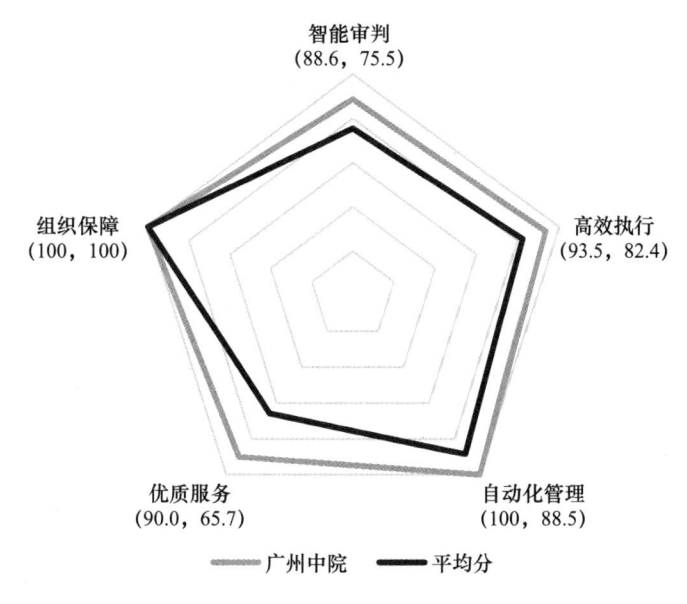

图中数据:
- 智能审判 (88.6, 75.5)
- 高效执行 (93.5, 82.4)
- 自动化管理 (100, 88.5)
- 优质服务 (90.0, 65.7)
- 组织保障 (100, 100)
- 图例:广州中院、平均分

图5-11 广州中院五项指标得分与平均值比较(分)

广州中院扣分的主要原因包括:在智能审判方面,广州中院法官使用系统生成裁判文书数只占法院审结案件数的57.4%,法官使用电子送达案件数只占法院受理案件数的26.6%,根据诉讼法要求向法官提示送达、开庭、保全、解除保全、结案等案件流程节点的短信数量较少,有短信提示的案件只占审结案件的9.1%,尚不足全市平均水平的一半。在高效执行方面,广州中院利用天平查控网的冻结、扣划查询功能的使用频次、限高消费发布次数有待进一步提升,目前冻结、扣划查询次数仅占同期执行案件结案数的6.6%,限高消费发布次数是占同期执行案件结案数的59.7%,低于全市平均水平。在自动化管理方面,广州中院基于审判信息资源开展大数据专题分析,提出意见建议,服务法院工作和社会治理的能力还有待提升。在优质服务方面,评估期内没有进行过一次远程接访,互联网网上开庭的数量、频次也有待提升,评估期内共进行网上开庭240次,低于全市平均水平,2020年第一季度,网上开庭率也仅为5.0%。

(二) 越秀法院

评估显示,越秀法院在评估中得分为90.3分,其中基础分83.3分,创新应用为7分,高于全市平均水平8.6分,在所有法院中名列第2名,仅次于广州中院,在12家基层法院中排名第一。具体而言,在"智慧法院"5项一级指标中,组织保障指标得分是100分,自动化管理和智能审判得分较高,分别为96.9分和89.9分,其中智能审判得分在全市法院中排名第一,自动化管理得分排名第二;高效执行85.0分,优质服务为63.3分(见图5-12),创新应用项目较多,加7分。总体而言,越秀法院智慧法院建设和应用水平较高,其中组织保障、高效执行、自动化管理和智能审判得分较高,均大幅超出了平均分,只有优质服务指标有待提升,比广州法院平均分低2.4分。

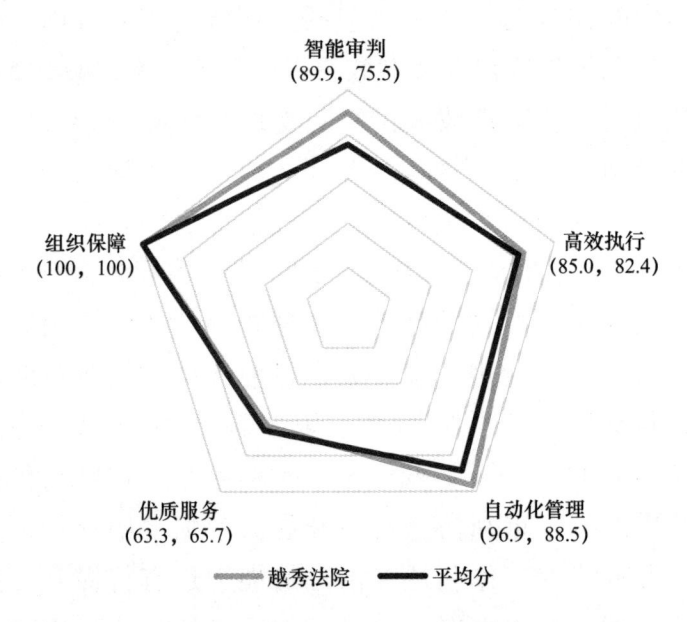

图5-12 越秀法院5项指标得分与平均值比较(分)

越秀法院扣分的主要原因包括：裁审衔接立案数较少，评估期内仅87件，远低于广州法院208件的平均数；法官中使用法官通的活跃人数较少，全院128名法官，使用法官通的活跃人数仅60人，占47%，低于广州法院平均值。在高效执行方面，越秀法院利用天平查控网的冻结、扣划查询功能的使用频次、网拍率有待进一步提升，目前冻结、扣划查询次数仅占同期执行案件结案数的1.8%，网拍率仅3.8%，均低于平均值。此外，越秀法院执行惩戒中的弹屏短信和失信彩铃两项应用使用较少，弹屏短信共发送96次，失信彩铃仅设置了1次。在自动化管理方面，越秀法院办公网的下联宽带带宽不足，没有升级至千兆带宽。在优质服务方面，在线缴费比例较低，评估期内在线缴费比例只有17.5%，不足广州法院平均值的一半，并且越秀法院尚未开展网上调解工作，评估期内在线调解数量为0，在线开庭的数值也低于广州法院平均数。

（三）互联网法院

评估显示，互联网法院在评估中得分为89.9分，其中基础分79.9分，创新应用为10分，高于全市平均水平8.2分，在所有法院中名列第3名，在12家基层法院中排名第2，仅次于越秀法院。具体而言，在"智慧法院"6项一级指标中，组织保障指标得分是100分，智能审判、自动化管理和优质服务3项指标得分较高，分别为77.8分、93.8分和75.5分，分别高出全市平均分2.3分、9.8分和5.2分，优质服务指标得分在全市法院排名第二，仅低于广州中院，自动化管理指标得分在全市法院排名第四。但是，互联网法院高效执行指标得分不高，仅为65.5分，远低于广州法院平均分（见图5-13），在所有法院中排名最后一名，还有待加强。在创新应用指标方面，互联网法院表现出色，获得加分10分，位居各基层法院之首。总体而言，互联网法院智慧法院整体建设水平较高，特别是在创新能力方面表现出色,为当事人提供服务水平高,但是也存在各项指标发展不够均衡的问题,高效执行、自动化管理水平有待提升。

智能审判
(77.8, 75.5)

组织保障
(100, 100)

高效执行
(65.5, 82.4)

优质服务
(75.5, 65.7)

自动化管理
(93.8, 88.5)

互联网法院　　平均分

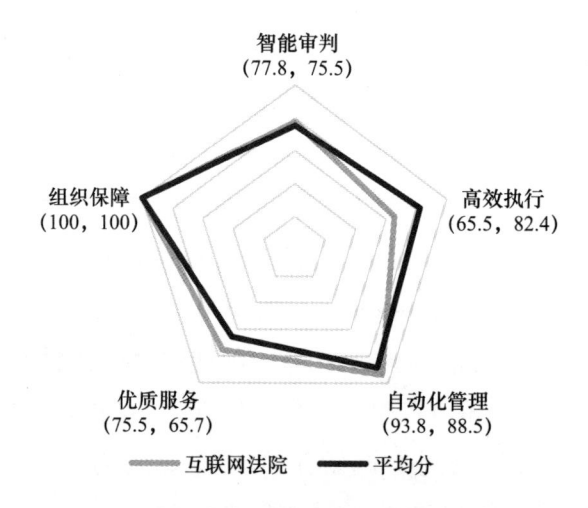

图 5-13　互联网法院五项指标得分与平均值比较(分)

互联网法院扣分的主要原因包括:在智能审判方面,法院自定义的文书模板较少,仅 61 件,低于全市平均值(95 件);实现文书自动隐名比例不高,仅 26.5%,不到全市平均水平(62.2%)的一半;裁审衔接立案数评估期内仅 2 件,是广州各法院中裁审衔接立案数最少的法院;没有使用数字审委会,评估期内数字审委会召开数为 0 次。在高效执行方面,互联网法院使用天平查控网冻结、扣划的次数、网拍次数均为 0,这可能与互联网法院执行案件数量少(互联网法院执行案件不足其他法院的十分之一,这可能与其执行方式以扣划支付宝账号资金为主有关);互联网法院执行惩戒中的弹屏短信和失信彩铃两项应用均从未使用过。在进行自动化管理时,互联网法院基于审判信息资源开展大数据专题分析,提出意见建议,服务法院工作和社会治理的能力还有待提升,评估期间发布审判白皮书 2 篇;使用 OA 系统进行内部事务管理数量较少,OA 系统的作用有待进一步发挥。在优质服务方面，互联网法院网上直播率不高，网上直播率仅3.7%，远低于广州法院22.6%的平均网上直播率，在全市法院中位列末位。互联网法院裁判文书、执行文书公开数量、比例均不高，前者公开比例为19.9%，后者为31.1%，均低于广州法院平均比例；此外，评估期间互联网法院的在线缴费比例不高，特别是在线缴费比例只有22.2%，远低于广州法院平均值。

（四）南沙法院

评估显示，南沙法院在本次评估中得分为84.8分，其中基础分75.8分，创新应用加分9分，总分高出全市平均水平3.1分，在所有法院中名列第4名。具体而言，南沙法院在"智慧法院"五项基础指标智能审判、高效执行、自动化管理、优质服务和组织保障中的得分分别为67.0分、84.0分、85.6分、67.4分和100.0分，其中高效执行高于平均分1.6分、优质服务高于平均分1.7分，智能审判、自动化管理则分别低于平均分8.4分和2.9分，创新应用成果比较丰富，总体上南沙智慧法院各项指标都接近平均分，智慧法院建设发展比较均衡（见图5-14）。

南沙法院扣分的主要原因包括：在智能审判方面，法院自定义的文书模板较少，仅45件，远低于全市平均值（95件）；实现文书自动隐名比例不高，仅50.6%；电子案卷的生成比例不高，低于全市平均水平（1999%）；评估期内数字审委会召开次数为0次；电子送达应用情况差，评估期内仅电子送达文书4份，电子送达率只有0.02%，远低于全市法院平均电子送达率（27.3%），位于全市法院末位；根据诉讼法要求向法官提示送达、开庭、保全、解除保全、结案等案件流程节点短信提示数量较少，只有436件，占审结案件的4.2%，远低于全市27.2%的平均水平；法官中使用"法官通"的活跃人数较少，全院56

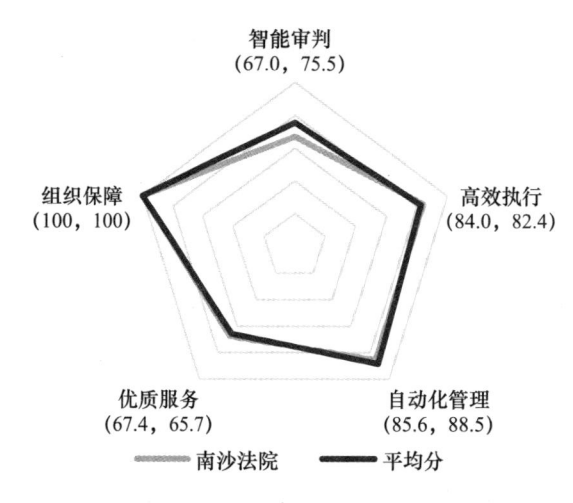

图 5 - 14 南沙法院五项指标得分与平均值比较（分）

名法官，使用"法官通"的活跃人数仅 19 人，占 33.9%，低于广州法院平均值。在高效执行方面，南沙法院评估期间网拍比例仅 2.9%，远低于全市 6.7% 的网拍比例；南沙法院执行惩戒中的弹屏短信和失信彩铃两项应用使用较少，弹屏短信共发送 27 次，失信彩铃则从未设置过。在进行自动化管理时，南沙法院基于审判信息资源开展大数据专题分析，提出意见建议，服务法院工作和社会治理的能力还有待提升，评估期间未发布审判白皮书；使用 OA 系统发文报审文件数量较少，评估期内仅有 5 件，OA 系统的作用有待进一步发挥。在优质服务方面，南沙法院未曾公开过审判案件摘要信息，庭审公开案件比例、裁判文书公开数量比例均不高，均未达到广州法院的平均数；评估期间网上立案率比例都不高，网上立案率为 62.4%，低于平均水平；评估期间，南沙法院远程接访数为 0。

（五）天河法院

评估显示，天河法院在评估中得分为 84.4 分，基础分 81.4 分，创新应用加分 3 分，在所有法院中并列第五名，高于全市平均水平 2.7 个百分点。具体而言，"智慧法院" 5 项基础指标，智能审判、高效执行、自动化管理、优质服务和组织保障 5 项指标得分分别是 85.4 分、87.5 分、82.5 分、67.5 分和 100.0 分，其中，智能审判、高效执行、优质服务比广州法院平均分分别高出 9.9 分、5.1 分和 1.8 分，只有自动化管理比平均分低 6.0 分（见图 5-15）。

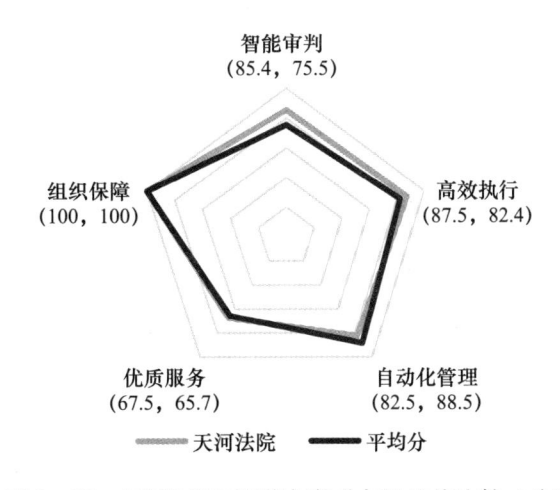

图 5-15 天河法院五项指标得分与平均值比较（分）

由此可见，天河法院整体信息化水平比较均衡，在智能审判和高效执行方面存在一定的优势，高效执行指标位居全市法院第二名，智能审判指标位居全市法院第三名。

天河法院扣分的主要原因包括：在智能审判方面，法院自定义的文书模板较少，仅 74 件，低于全市平均值（95 件）；裁判文书自动生成比例比较低，仅为 12.3%，远低于全市平均水平（27.0%）；法官中使用"法官通"的活跃人数较少，全院 109 名法官，使用"法官通"的活跃人数仅 14 人，占 12.8%，远低于广州法院平均值。在高效执行方面，天河法院使用天平查控网冻结、扣划的次数较少，低于广州法院平均值；天河法院执行惩戒中失信彩铃应用使用较少，失信彩铃仅发送 2 次。在进行自动化管理时，天河法院基于审判信息资源开展大数据专题分析，提出意见建议，服务法院工作和社会治理的能力还有待提升，评估期间未发布审判白皮书；使用OA系统发文报审数量为0，OA系统的作用有待进一步发挥。在优质服务方面，天河法院未公开过审判案件摘要信息，执行文书公开数量比例不高，仅占全部执行结案数的54.6%；评估期间，天河法院在线缴费比例不高，仅38.7%；评估期间，天河法院远程接访数为0，网上调解数仅为15件；互联网网上开庭数量较少，2019年4—12月，网上开庭数为0，而2020年第一季度网上开庭数也只有257次，占全部开庭次数的7.5%，比全市平均网络开庭率低2.1个百分点。此外，天河法院在全市率先建立金融一体化平台和建设在线多元化矛盾调解平台，共加3分。

（六）黄埔法院

评估显示，黄埔法院在评估中得分为84.4分，其中基础分80.4分，创新应用加分4分，在所有法院中与天河法院并列第5名，高于全市平均水平2.7分。具体而言，在"智慧法院"五项一级指标中，除了组织保障100分外，自动化管理、高效执行和优质服务3项指标得分分别是91.9分、83.0分和74.3分，分别高于平均值3.4分、0.6分和8.6分，优质服务指标排在全市第三名，智能审判72.9分，低于平均值2.6个百分点（见图5-16）。由此可见，黄埔法院智慧法院各项指标比较平衡，大多高于广州法院整体水平，其中在自动化管理和优质服务两项指标表现比较好。

黄埔法院扣分的主要原因包括：智能审判方面，电子送达率不高，电子送达率为20.9%，低于全市平均电子送达率6.4个百分点，裁判文书自动生成比例比较低，仅为24.1%，低于全市平均文书自动生成比例2.9个百分点；没有使用数字审委会，评估期内数字审委会召开数为0次；根据诉讼法要求向法官提示送达、开庭、保全、解除保全、结案等案件流程节点短

智能审判
(72.9，75.5)

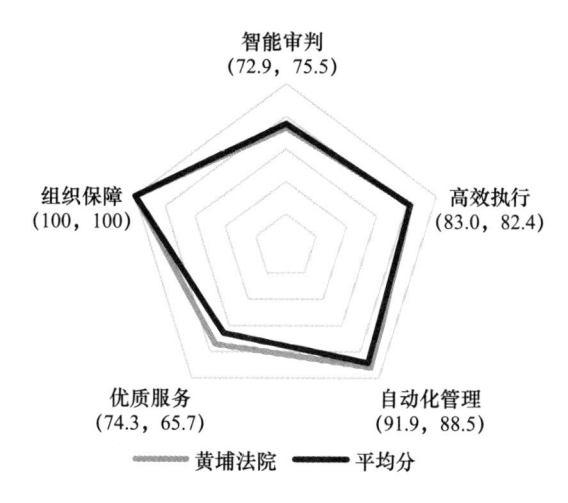

组织保障　　　　　　　　高效执行
(100，100)　　　　　　　(83.0，82.4)

优质服务　　　　　　　　自动化管理
(74.3，65.7)　　　　　　(91.9，88.5)

—— 黄埔法院　—— 平均分

图5-16　黄埔法院五项指标得分与平均值比较（分）

信提示数量较少，只有438件，占审结案件的2.9%，在全市法院中位居末位；法官中使用法官通的活跃人数较少，全院80名法官，使用法官通的活跃人数仅25人，占31.3%，远低于广州法院平均值。在高效执行方面，黄埔法院使用天平查控网冻结、扣划的次数较少，仅2.5%，低于广州法院平均值；执行案件流程信息管理覆盖13项审批流程，覆盖面不广；评估期间，执行惩戒中的弹屏短信和失信彩铃两项应用使用较少，弹屏短信共发送6次，失信彩铃则从未设置过。在进行自动化管理时，黄埔法院基于审判信息资源开展大数据专题分析，提出意见建议，服务法院工作和社会治理的能力还有待提升，评估期间未发布审判白皮书；使用OA系统发文报审数量较少，OA系统的作用有待进一步发挥。在优质服务方面，黄埔法院裁判文书、执行文书公开数量、比例还存在进一步提升空间，前者公开比例为48.6%，后者为71.5%；评估期间，黄埔法院远程接访数为0。此外，黄埔法院研发、上线了两项智慧法院的创新应用，分别是建设人民陪审员管理平台和上线"掌上家事调查员"App，获得加分4分。

(七) 花都法院

评估显示,花都法院在评估中得分为 79.5 分,其中基础分 79.5 分,没有创新应用加分,略低于全市平均水平,在所有法院中名列第 7 名。具体而言,在"智慧法院"五项基础指标中,组织保障指标得分是 100 分,智能审判和自动化管理指标得分分别为 82.1 分和 95.0 分,高于平均分,分别位列广州法院第四名和第三名;高效执行和优质服务指标得分分别为 80.5 分和 61.8 分,分别低于平均分 1.9 分和 3.9 分(见图 5-17)。总体而言,花都法院组织保障、智能审判、自动化管理指标的得分较高,信息化整体水平处于广州 13 家法院中游,但在优质服务和高效执行方面有待迎头赶上。

智能审判
(82.1, 75.5)

组织保障
(100, 100)

高效执行
(80.5, 82.4)

优质服务
(61.8, 65.7)

自动化管理
(95.0, 88.5)

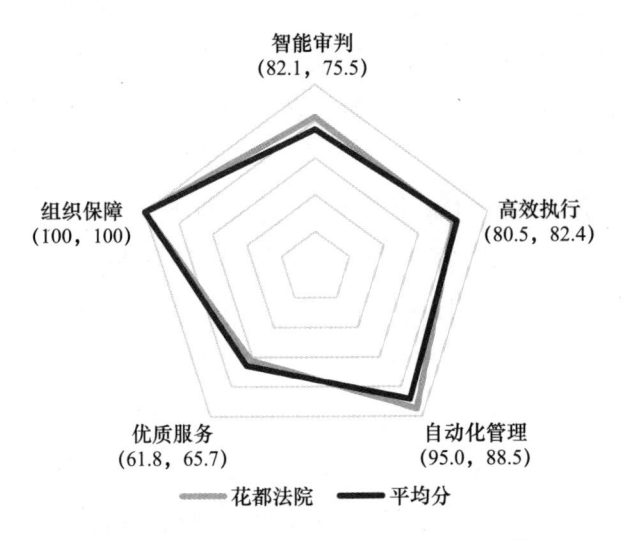

花都法院　　平均分

图 5-17　花都法院 5 项指标得分与平均值比较(分)

花都法院扣分的主要原因包括:在智能审判方面,法院自定义的文书模板较少,仅 80 件,低于全市平均值(95 件);裁审衔接立案数较少,评估期内仅 60 件,远低于广州法院 208 件的平均数;裁判文书自动生成比例比较低,仅为 12.3%,远低于全市平均水平（27.0%）；电子送达应用情况较差，电子送达率只有6.7%，远低于全市法院平均电子送达率（27.3%）；电子签章使用情况不理想，评估期间使用电子签章文件比例较低，远低于广州各法院的平均电子签章率；在高效执行方面，花都法院使用天平查控网冻结、扣划的次数较少，仅占全部执行案件的2.9%，低于广州法院平均值；花都法院执行惩戒中限高消费使用比例较低，只有54.2%，弹屏短信和失信彩铃两项执行惩戒的应用都从未使用过。在进行自动化管理时，花都法院基于审判信息资源开展大数据专题分析，提出意见建议，服务法院工作和社会治理的能力还有待提升，评估期间未发布审判白皮书；使用OA系统进行内部事务管理数量较少，OA系统的作用有待进一步发挥。在优质服务方面，花都法院未曾公开过审判案件摘要信息，裁判文书、执行文书公开数量比例均不高；评估期间网上在线缴费比例不高，特别是在线缴费比例仅42.9%；评估期间，花都法院远程接访数为零，网上调解也只有1件；刑事案件远程开庭比例较低，评估期间刑事案件远程开庭仅373件，占刑事案件开庭数的11.9%。此外，花都法院也没有研发、上线在全市乃至全国领先的智慧法院创新应用，没有获得加分。

（八）白云法院

评估显示，白云法院在评估中得分为79.1分，基础分74.1分，创新应用加分5分，总分略低于全市平均水平，在所有法院中名列第8名。具体而言，在"智慧法院"5项一级指标中，组织保障指标得分为100分，高效执行指标得分为85.5分，比平均分高3.1分，智能审判、自动化管理和优质服务则分别为73.2、82.5和56.4分，比平均分低2.3分、6.0分和9.3分。（见图5-18）。总体而言，白云法院信息化整体水平处于广州13家法院中游，但是智慧法院各项指标发展不平衡，组织保障、高效执行和智能审判得分相对较高,自动化管理和优质服务得分较低,特别是优质服务的得分与广州法院平均水平还有比较大的差距,在13家法院中排名靠后。

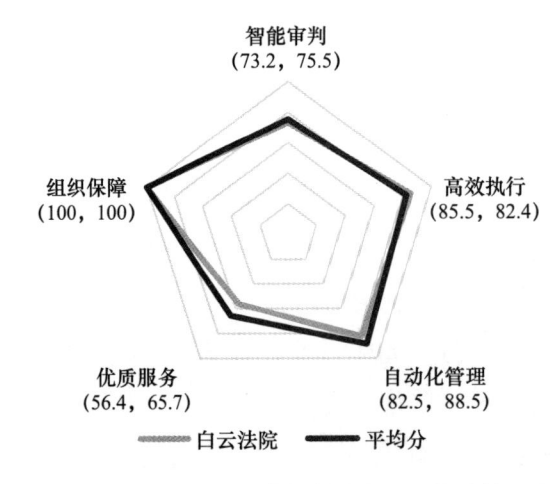

图 5-18 白云法院五项指标得分与平均值比较(分)

白云法院扣分的主要原因包括:在智能审判方面,法院自定义的文书模板较少,仅53件,低于全市平均值(95件),实现文书自动隐名比例不高,仅48.5%,裁判文书自动生成比例比较低,仅为6.2%,远低于全市平均水平(27.0%);评估期内数字审委会召开次数为0次;法官中使用"法官通"的活跃人数少,全院107名法官,使用"法官通"的活跃人数仅7人,占6.5%,远低于广州法院平均值,在全市法院中使用"法官通"人数最少、比例最低。在高效执行方面,白云法院评估期间网拍率仅3.7%,低于全市6.7%的网拍比例;白云法院执行惩戒中的弹屏短信和失信彩铃两项应用使用较少,弹屏短信从未发送过,失信彩铃则设置过2次。在进行自动化管理时,白云法院基于审判信息资源开展大数据专题分析,提出意见建议,服务法院工作和社会治理的能力还有待提升,评估期间未发布审判白皮书;从未使用OA系统发文报审,OA系统的作用有待进一步发挥。在优质服务方面，白云法院未公开过审判案件摘要信息，裁判文书、执行文书公开数量比例均不高；裁判文书和执行文书公开数量、比例均不高，分别只有 54.9% 和 31.5%，均低于平均数；评估期间，白云法院远程接访为 0；互联网网上开庭数量较少，2019 年 4—12 月，网上开庭数为 0，而 2020 年第一季度网上开庭数也只有 108 次，占全部开庭次数的 6.2%，低于全市平均网上开庭率。

（九）增城法院

评估显示，增城法院在评估中得分为 76.9 分，没有获得创新应用加分，总分低于全市平均分 4.8 分，在所有法院中名列第 9 名。具体而言，在"智慧法院"的基础指标中，组织保障得分是 100 分，高效执行和优质服务指标得分为 83.0 分和 68.3 分，分别高于平均分 0.6 分和 2.6 分，智能审判、自动化管理两项指标得分分别为 72.0 分和 82.5 分，分别低于平均分 3.4 分、6.0 分（见图 5-19）。总体而言，增城法院的信息化建设位于中游偏下水平，各个指标发展不太平衡，优质服务指标得分较

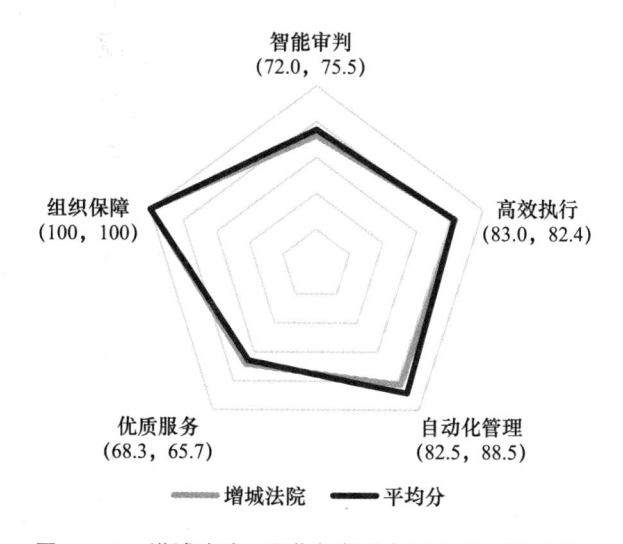

图 5-19 增城法院五项指标得分与平均值比较（分）

高，而自动化管理指标得分位列各评估法院末尾。此外，在创新应用方面，增城法院也没有获得加分。

增城法院扣分的主要原因包括：在智能审判方面，法院自定义的文书模板较少，仅69件，低于全市平均值（95件）；裁判文书自动生成比例比较低，仅为4.6%，远低于全市平均水平（27.0%）；没有使用数字审委会，评估期内数字审委会召开数为0次，电子送达应用情况较差，评估期内电子送达仅有36次，电子送达率只有0.14%，远低于全市法院平均电子送达率（27.3%）；法官中使用"法官通"的活跃人数较少，全院72名法官，使用"法官通"的活跃人数仅22人，占15.3%，远低于广州法院平均值。在高效执行方面，增城法院使用天平查控网冻结、扣划的次数较少、比例较低，仅冻结、扣划156次，占同期执行结案件数的1.5%，显著低于广州法院平均值；评估期间限高消费发布比例低于广州法院平均比例；增城法院执行惩戒中的弹屏短信和失信彩铃两项应用均从未使用过。在进行自动化管理时，增城法院基于审判信息资源开展大数据专题分析，提出意见建议，服务法院工作和社会治理的能力还有待提升，评估期间未发布审判白皮书；使用OA系统发文报审以及进行内部事务管理数量均为0，OA系统的作用有待进一步发挥。在优质服务方面，增城法院未曾公开过审判案件摘要信息；评估期间在线缴费比例不高，在线缴费比例为49.3%；评估期间，增城法院远程接访为零，网上调解数仅为6件。此外，增城法院没有研发、上线在全市乃至全国领先的智慧法院创新应用，没有获得加分。

（十）番禺法院

评估显示，番禺法院在评估中得分为76.4分，其中基础分76.4分，没有获得创新应用加分，总分低于全市平均分5.3分，在所有法院中名列第10名。具体而言，在"智慧法院"基础指标中，组织保障得分 100 分，高效执行、优质服务得分分别为 86.0 分、67.4 分，高于平均分 3.6 分和 1.7 分，其余 2 项一级指标智能审判、自动化管理得分分别是 69.7 分和 82.5 分，分别低于平均分 5.7 分、6.0 分（见图 5 – 20）。总体而言，番禺法院除了组织保障和智能审判得分较高外，智能审判和优质服务两项得分均只有 60 多分，信息化整体水平处于广州 13 家法院中下游，特别在智能审判和自动化管理两项指标的得分在全市法院排名较低，亟待采取相应措施来提升智慧法院建设、应用水平。

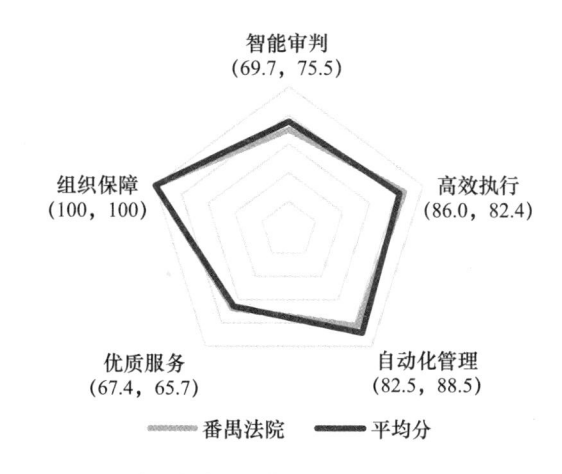

图 5 – 20　番禺法院五项指标得分与平均值比较（分）

番禺法院扣分的主要原因包括：在智能审判方面，法院自定义的文书模板较少，仅 31 件，远低于全市平均值（95 件），实现文书自动隐名比例不高，仅 54.4%，裁审衔接立案数较少，评估期内仅 61 件，远低于广州法院 208 件的平均数；电子案卷的生成比例不高，远低于全市平均水平（1999%）；裁判文书自动生成比例比较低，仅为 4.9%，远低于全市平均水平（27.0%）；没有使用数字审委会，评估期内数字审委会召开数为 0 次，电子送达应用情况较差，电子送达率只有 0.51%，远低于全市法院平均电子送达率（27.3%），是电子送达率最低的法院之一；根据诉讼法要求向法官短信提示送达、开庭、保全、解除保全、结案等案件流程节点的数量较少，只占审结案件的15.1%，远低于全市27.2%的平均水平；法官中使用"法官通"的活跃人数较少，全院95名法官，使用"法官通"的活跃人数仅18人，占18.9%，远低于广州法院平均值。在高效执行方面，番禺法院使用天平查控网冻结、扣划的次数较少，显著低于广州法院平均值；评估期间网拍率仅4.0%，低于全市6.7%的网拍比例；番禺法院执行惩戒中从未使用过弹屏短信应用。在进行自动化管理时，番禺法院办公网的下联宽带带宽不足，没有升级至千兆带宽；番禺法院基于审判信息资源开展大数据专题分析，提出意见建议，服务法院工作和社会治理的能力还有待提升，评估期间未发布审判白皮书；使用OA系统发文报审以及进行内部事务管理数量较少，评估期间发文报送仅3件，OA系统的作用有待进一步发挥。在优质服务方面，番禺法院网络直播庭审案件比例较低，只有7.7%，在全市法院中排名靠后；评估期间，番禺法院远程接访和网上调解数都为0；刑事案件远程开庭比例较低，仅占刑事案件开庭数的13.2%。此外，番禺法院也没有研发、上线在全市乃至全国领先的智慧法院创新应用，没有获得加分。

（十一）荔湾法院

评估显示，荔湾法院在评估中得分为74.1分，基础分74.1分，没有创新应用加分，在所有法院中名列第11名，低于全市平均水平7.6分。具体而言，在"智慧法院"5项基础指标中，除了组织保障和自动化管理外，都普遍低于平均分，智能审判、高效执行和优质服务4项指标得分分别为66.3分、82.0分和61.2分，与平均分的差距分别为9.2分、0.4分和4.5分（见图5-21），只有自动化管理指标得分为90.6分高于平均分2.1分。

由此可见，荔湾法院信息化各项指标大多落后于广州法院的整体水平，特别是在智能审判方面差距比较明显，比平均分低 9 分以上，在广州法院中排名靠后，下一步应充分发挥院智慧法院办公室的职能，提升智慧法院整体建设水平。

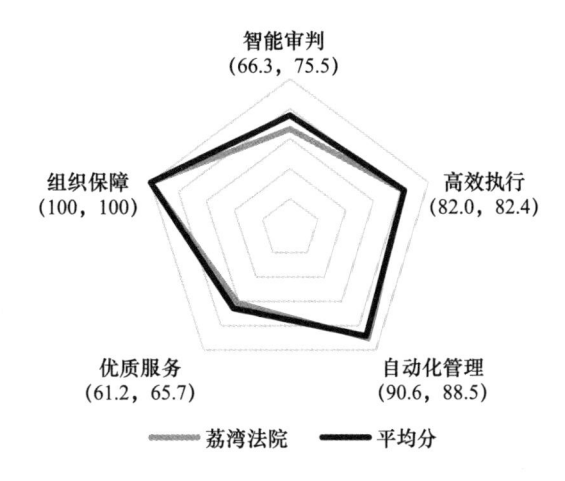

图 5-21 荔湾法院五项指标得分与平均值比较（分）

荔湾法院扣分的主要原因包括：在智能审判方面，法院自定义的文书模板较少，仅 49 件，低于全市平均值（95 件）；裁审衔接立案数较少，评估期内仅 63 件，远低于广州法院 208 件的平均数；裁判文书自动生成比例比较低，仅为 2.5%，远低于全市平均水平（27.0%），是全市法院裁判文书自动生成比例最低的法院之一；评估期内从未使用数字审委会，数字审委会召开数为 0 次，电子送达应用情况较差，评估期内电子送达 99 件次，电子送达率只有 0.4%，远低于全市法院平均电子送达率（27.3%）；根据诉讼法要求向法官短信提示送达、开庭、保全、解除保全、结案等案件流程节点的数量较少，只有 373 件，占审结案件的 3.0%，远低于全市 27.2% 的平均水平；法官中使用法官通的活跃人数较少，全院 74 名法官，使用法官通的活跃人数仅 18 人，占 24.3%，远低于广州法院平均值。在高效执行方面,荔湾法院使用天平查控网冻结、扣划的次数较少,仅占全部执行结案数的 2.2%,低于广州法院平均值;荔湾法院执行惩戒中的弹屏短信和失信彩铃两项应用均从未设置或者使用过。在进行自动化管理时,荔湾法院办公网的下联宽带带宽不足,没有升级至千兆带宽;使用 OA 系统发文报审以及进行内部事务管理数量较少,OA 系统的作用有待进一步发挥。在优质服务方面,荔湾法院公开审判案件摘要信息、执行文书公开数量比例均不高,均远低于平均水平,执行文书公开率只有 23.6%;评估期间网上立案率和在线缴费比例都不高,特别是在线立案率比例仅 62.5%,是全市法院在线立案率最低的法院之一;评估期间,荔湾法院远程接访数为零,网上调解案件 29 件;刑事案件远程开庭比例较低,仅占刑事案件开庭数的 41.2%。此外,荔湾法院也没有研发、上线在全市乃至全国领先的智慧法院创新应用,没有获得加分。

(十二)从化法院

评估显示,从化法院在评估中得分为 72.1 分,没有获得创新应用加分,低于广州法院平均分 9.6 分,在所有法院中名列第 12 名。具体而言,在"智慧法院"一级指标中,除了组织保障得分 100 分外,从化法院智能审判、高效执行、自动化管理、优质服务指标得分分别为 70.8 分、80.5 分、82.5 分和 54.8 分,四项指标的得分都低于于广州法院平均数,各单项指标分别低于平均分 4.7 分、1.9 分、6.0 分和 10.9 分(见图 5-22),排名都比较靠后。总体而言,从化法院信息化水平全面落后于广州整体水平,特别是在自动化管理和优质服务方面差距较大,有待迎头赶上。

从化法院扣分的主要原因包括:在智能审判方面,法院自定义的文书模板较少,仅 14 种,远低于全市平均值(95 种),是全市自定义文书模板最少的法院;电子案卷的生成比例不高,

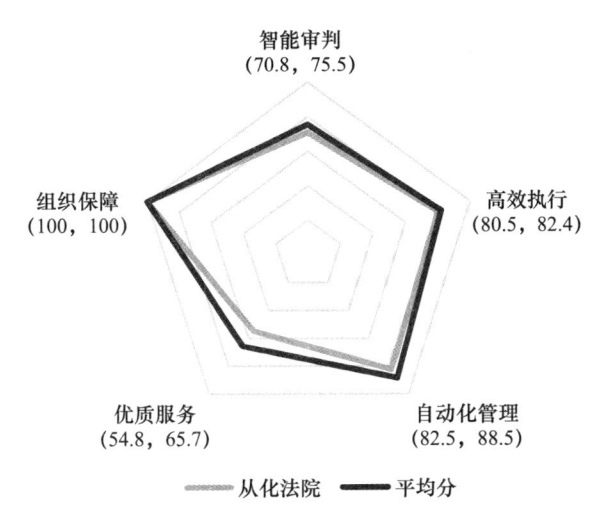

```
                    智能审判
                  (70.8, 75.5)


   组织保障                          高效执行
  (100, 100)                       (80.5, 82.4)




    优质服务                         自动化管理
   (54.8, 65.7)                    (82.5, 88.5)

              ——— 从化法院  ——— 平均分
```

图 5-22 从化法院五项指标得分与平均值比较（分）

远低于全市平均水平（1999%）；裁判文书自动生成比例比较低，仅为 3.8%，远低于全市平均水平（27.0%）；评估期内数字审委会召开数为 0 次；电子送达应用情况较差，电子送达率只有 5.8%，远低于全市法院平均电子送达率（27.3%）；根据诉讼法要求向法官提示送达、开庭、保全、解除保全、结案等案件流程节点短信提示数量较少，只占审结案件的 4.1%，远低于全市 27.2%的平均水平。在高效执行方面，从化法院使用天平查控网冻结、扣划的次数较少，显著低于广州法院平均值；从化法院执行惩戒中的弹屏短信和失信彩铃两项应用从未使用过。在进行自动化管理时，从化法院基于审判信息资源开展大数据专题分析，提出意见建议，服务法院工作和社会治理的能力还有待提升，评估期间未发布审判白皮书；从化法院办公网的下联宽带带宽不足，没有升级至千兆带宽；使用 OA 系统发文报审以及进行内部事务管理数量较少，OA 系统的作用有待进一步发挥。在优质服务方面，从化法院未曾公开过审判案件摘要信息，裁判文书公开数量比例均不高，裁判文书公开率只有 59.7%；评估期间，在线缴费比例都不高，在线缴费比例为45.7%；评估期间，从化法院远程接访数为零，网上调解案件也只有1件；刑事案件远程开庭比例较低，仅占刑事案件开庭数的16.2%。互联网网上开庭数量较少，2019年4—12月，网上开庭数为0，而2020年第一季度网上开庭数也只有18次，占全部开庭次数的1.9%。此外，从化法院也没有研发、上线在全市乃至全国领先的智慧法院创新应用，没有获得加分。

（十三）海珠法院

评估显示，海珠法院在评估中得分为69.3分，在所有法院中名列第13名，低于全市平均分12.4分。具体而言，"智慧法院"基础指标除了组织保障100分、自动化管理91.9分外，其余4项指标的得分都低于平均分，智能审判、高效执行、优质服务项基础指标得分分别是65.4分、75.5分和48.7分，与平均分的差距分别有10.1分、6.9分和17.0分（见图5-23），创新应用没有获得加分。智能审判、优质服务指标在13家法院中得分最低。

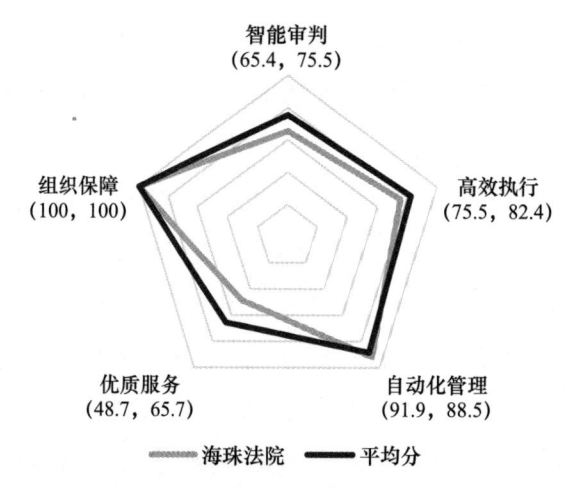

图5-23 海珠法院五项指标得分与平均值比较（分）

由此可见，海珠法院信息化水平全面落后于广州整体水平和其他法院，其中在智能审判、高效执行和优质服务智能审判方面差距十分明显，智能审判得分位居全市法院末尾，亟待采取措施提升智慧法院建设水平。

海珠法院扣分的主要原因包括：在智能审判方面，法院自定义的文书模板较少，仅54件，低于全市平均值（95件），实现文书自动隐名比例不高，仅54.4%，裁审衔接立案数较少，评估期内仅91件，远低于广州法院208件的平均数；裁判文书自动生成比例比较低，仅为1.5%，远低于全市平均水平（27.0%），在13家法院中位居末位；没有使用数字审委会，评估期内数字审委会召开数为0次，电子送达应用情况较差，电子送达率只有2.0%，远低于全市法院平均电子送达率（27.3%）；电子签章使用情况不理想，评估期间使用电子签章文件仅占结案案件的41.8%，远低于广州法院平均的电子签章率；法官中使用法官通的活跃人数较少，全院91名法官，使用"法官通"的活跃人数仅17人，占18.7%，远低于广州法院平均值。在高效执行方面，海珠法院使用天平查控网查询、冻结、扣划的次数较少，显著低于广州法院平均值；评估期间网拍率仅3.62%，低于全市6.7%的网拍比例；海珠法院执行惩戒中的弹屏短信和失信彩铃两项应用使用较少，弹屏短信共发送1次，失信彩铃则从未设置过。在进行自动化管理时，海珠法院基于审判信息资源开展大数据专题分析，提出意见建议，服务法院工作和社会治理的能力还有待提升，评估期间未发布审判白皮书；使用OA系统发文报审以及进行内部事务管理数量较少，OA系统的作用有待进一步发挥。在优质服务方面，海珠法院未曾公开过审判案件摘要信息，裁判文书、执行文书公开数量比例均不高；评估期间网上立案率和在线缴费比例都不高，特别是在线缴费比例仅20.5%，在评估法院中排名倒数第二名；评估期间，海珠法院远程接访和网上调解数都为0；网上开庭数量较少,2019年4—12月,网上开庭数为0,而2020年第一季度网上开庭数也只有66次,占全部开庭次数的0.99%。此外,海珠法院也没有研发、上线在全市乃至全国领先的智慧法院创新应用,没有获得加分。

第六章　展望：打造智慧法院品牌，引领法院信息化发展方向

《最高人民法院关于深化人民法院司法体制综合配套改革的意见——人民法院第五个五年改革纲要（2019—2023）》提出，要牢牢把握新一轮科技革命历史机遇，充分运用大数据、云计算、人工智能等现代科技手段破解改革难题、提升司法效能，推动人民法院司法改革与智能化、信息化建设两翼发力，为促进审判体系和审判能力现代化提供有力科技支撑。

近年来，智慧法院建设为推动广州法院科学发展提供了强大的动力和支持，但也应看到，广州法院在智慧法院建设过程中仍然面临一些制约发展的问题。面对经济社会发展对审判执行工作提出的更高要求，落实司法体制改革的各项任务，广州智慧法院的集合效应还有待进一步发挥，品牌效应还有待充分显现等，有必要在未来的智慧法院建设中引起高度的重视。特别是，中国法院信息化建设在形成中国法院信息化品牌效应、扩大世界影响力方面做得还很不足。广州法院应当继续充当中国改革开放的排头兵，蹚出一条法院信息化的中国道路，为世界司法信息化提供中国智慧法院建设的广州经验。

一 准确定位信息化发展走向，引领中国智慧法院建设方向

在引领中国法院信息化发展方面，广州法院应当以以下几方面为发展导向。

一是以信息技术促进司法公平正义。任何技术的革命和更新都必须有正当性和合理性，这也是法院信息化的最终目的。中国共产党坚持以人民为中心，必然在司法领域对一切可以促进人民福祉的新技术、新管理和新思路持开放态度，以公平正义为目标，这是中国共产党不可比拟的政治优势。公平正义的直接体现是合法性、程序性、平等性和及时性。法院信息化的前进方向必须体现我党的政治优势、体现公平正义，摒弃任何花拳绣腿，以"好用""易用"为标准，使司法有效地服务于国家和人民。广州法院要加速开发司法领域的人工智能应用，智慧法院从数字化、网络化向高度智能化发展，确保司法的公平、公开和有效。

二是以信息化建设彰显司法对人权的保障。《中华人民共和国宪法》第33条规定：国家尊重和保障人权。中华人民共和国公民的基本人权包括：选举权、被选举权、言论自由、宗教信仰自由、人身自由、通信自由、批评建议权、劳动及休息权、受教育权等。任何一项权利受到侵犯，都可诉诸司法获得司法保障的权利。此外，互联网时代的特殊人权还特别体现在知情权和隐私权保护上。法院代表国家行使司法权的公权力机构，其应当保证公民依法享有的参与司法、知悉司法活动和事务的权利，司法机关及其工作人员有依法向公民公开自己活动的义务。人权不是西方意识形态的专有名词，也应是中国主流话语的组成部分，法院信息化在制度安排和技术更新的各个层面，都应突出人权保障的中心位置。

三是促进法院信息化与最新科技的深度融合。近年来，广州法院始终积极推动新科技与审判执行工作的深度融合，积极推进手机App、微信小程序，以及最新的5G通信技术与智慧法院的融合发展，切实增强司法对现代科技的适应力、掌控力、驾驭力，特别是敏锐捕捉到5G将带来的技术和社会变革，积极探寻5G技术为法院业务提质增效的可行路径，确定将5G智慧法院建设作为推进下一代智慧法院建设的方向。目前，广州法院已经开展的5G应用项目和场景包括一站式、集约化、便民化的"E法亭"，5G远程庭审等。未来，广州法院应充分研究5G"大带宽、低时延、大连接"特性在法院业务上的应用前景，将5G、边缘计算、人脸识别等技术与法院业务深度融合。建设5G智慧法院实验室，探索研发5G、MEC边缘计算、人脸识别、微表情等技术在诉讼服务、智慧庭审、智慧审判、智慧执行、智慧安防等具体场景的系统和应用。在辅助审判执行方面，可以探索建设更加智能、高效的辅助裁判系统，将人脸识别、微表情等与远程庭审相结合，辅助法官分析当事人提交证据材料的真实性，当事人庭审语言的可信度，加强法官的自由心证，提升司法的公信力；在诉讼服务方面，研发VR沉浸式诉讼服务中心，当事人通过VR设备或手机可查看诉讼服务中心所有场景和相应介绍、办事指南、路线指引，实现为当事人提供智能导航；在司法公开方面，可以探索5G+VR超清直播，社会公众通过VR设备可以全方位、身临其境观看庭审过程。今后，广州法院要继续开拓创新，融合最新的科学技术为群众办事、法官办案、法院管理提供更加有力的技术保障，成为法院信息化创新发展的典范，为全国法院引入最新的信息化技术蹚出新路。

四是法院信息化助力社会治理现代化。近年来，中国社会发展变化加快，社会治理形态也发生深刻变革，逐步从"社会管控"发展到"社会治理"。过去40余年，社会治理取得很大成就，但在某些方面仍然滞后，存在不适应社会发展需求的短板。面对经济社会的种种新形势新样态，社会治理主体单一单向化，政府治理一元化现象突出，基层治理缺乏治理手段和措施。社会矛盾纠纷底数不清、总体数量不明、类型比例不详、分布状况不明，国家无法精确、全面地掌握矛盾纠纷情况，无法有效调整管理方式和思路，智慧治理水平不高。社会治理法治化尚未形成、社会信用体系建设滞后、多元解纷机制仍有待完善，未能建立起社会纠纷预警预防机制，社会治理效果不好。而用信息化手段可以有效破解社会治理难题，法院信息化在社会治理方面大有可为。司法的社会治理以其权威性、专业化、终局性，成为社会治理不可或缺的重要组成部分。法院信息化至少在以下几个方面可以助力社会治理的现代化。首先，智慧法院建设深度融合信息化和法律专业性工作，通过审判执行维护社会正义，为社会治理提供纠纷解决的司法标准和准则。智慧法院建设可以有效提升司法效率，确保办案的高效、公正，有效化解社会矛盾纠纷。其次，共建共享司法大数据，共生共荣促进社会治理精细化。随着智慧法院建设的不断深化，大量案件沉淀而成司法大数据，最终形成反应社会矛盾变化的晴雨表，分析这些数据，可以知悉决策得失，研判社会风险，一方面可以提升未来决策的精准化和科学化，另一方面则可以发现现有决策的问题和不足，提前采取必要的防范措施，由此改变过去社会治理被动"救火"的模式，进而改为主动"防火"。

五是注重信息化建设创新与平衡。信息化是新时代的背景，信息技术的特征就是日新月异，时间和空间、速度和范围的界限不再明显。创新是法院信息化的生命动力。全国法院都尽其所能地以法院信息化为龙头，创新司法模式。各种新实践和新探索如雨后春笋一般涌现出来，互联法院是其全方位的代表。新冠肺炎疫情发生后，这种特征表现得更为突出。广州法院新冠肺炎期间"云上审执"成为新常态，74.2%的案件在线上立案、开庭、调解、执行，诉讼服务线上办理量占总量89.6%。

法院信息化在创新的同时，也应注意到数据鸿沟问题，避免过分推崇线上模式。中国是发展中国家，社会发展极不平衡。东部某些地区已经"后现代化"了，西部有的地区还处在"前现代化"时代，更多的地区则是处于"前现代""现代"和"后现代"并存时期，这就带来了不少的问题。中国虽然拥有世界上最多的网民，但是能够采用互联网形式维护自身权利的人数或许并不多。不少需要司法保护的人群属于弱势人群，由于文化程度低、生存技能差，智能社会对他们而言可望而不可即。因此，法院信息化建设应当对这部分人群如何享有平等的司法保护给予充分的关注，在创新线上闭环高速运行的同时，用信息技术研发最易操作的线下辅助程序，实现线上线下工作模式有机结合、灵活切换，保证线下司法渠道畅通，避免引发新的不公平。

二 提升信息化建设应用水平，推动新技术与审判深度融合

随着全社会信息化水平的提升，法院信息化基础设施建设日趋完善，法院审判管理系统中简单的数据收集、统计分析功能基本实现，但是法院信息化在系统智能性、数据精确性等智慧法院建设的核心环节还面临不少瓶颈。与全国其他法院一样，广州法院也面临信息化应用水平亟待取得深层次突破。评估发现，虽然广州"智慧法院"建设整体上得分较高，不管是辅助审判执行、自动化管理、为当事人服务还是组织保障的水平都走前全国法院前列，但是各项指标完成水平仍然存在差异。总的来说，一些建设性的指标完成率较高，一些功能性、实用性强的关键指标实现度则仍有待加强。

广州法院信息化应用上存在的问题也是全国法院需要解决的共性问题。例如，文书自动生成主要集中在各类通知书、传

票、公告、送达回证等程序性简单文书，对于判决书、裁定书，只能生成当事人基本情况和"诉称"部分，对减轻法官案头事务性工作量作用有限；各法院文书自动生成模板数量差异十分明显，有的法院自定义文书模板种类丰富接近400件，但是大部分法院文书模板不足100件，有的才十几件，这样的应用水平离好用、能用还有较大差距。此外，庭审语音识别系统对于带有口音的发言识别比较困难，笔录转写的准确率还需要提高。

虽然所有广州法院都实现了电子卷宗同步生成，但是电子卷宗应用范围不足的现象仍普遍存在。电子卷宗在法院审判中有广阔的应用空间，例如法院在召开审判委员会时，完全可以利用电子卷宗，提高召开审委会的效率、节约成本。评估显示，在评估期间，广州法院共使用数字审委会410次，但主要集中在广州中院、越秀法院、花都法院、番禺法院、天河法院5家法院，其余法院均未召开过数字审委会。此外，广州法院的平均智能文书生成率只有27.0%，其中，7家法院智能文书生成率不足10%。可见，智能审判的一些应用功能已经具备，但是在审判实际工作中能发挥的作用还相当有限。

广州13家法院的系统都建成了民事、行政案件互联网网上开庭系统，但是，在2019年的4—12月期间，只有4家法院实际进行了民事、行政案件的网上开庭，其中只有互联网法院网上开庭数量较多，其他法院开庭数只有几百、几十件，即使是在2020年第一季度，疫情导致线下开庭困难重重时，网上开庭占所有开庭的比例仍然不到10%，4家法院民事、行政案件互联网开庭数不足100件，而网上开庭率超过10%的法院只有5家，占38.5%。

广州法院信息化系统应用普及程度不够高，这也是全国法院普遍面临的问题。广州"智慧法院"近年来开发上线了不少新系统、新应用，"执行法官App""广州微法院"小程序等甚至在全国范围内是首创，但是部分系统和应用的普及程度还有待进一步提升。广州部分法院虽然具备了各项信息化功能，但是，有些功能在日常工作中却很少被使用，甚至有的功能几乎就没有使用过。例如，在办公网络应用方面，各法院OA发文报审量非常大，越秀法院、广州中院、花都法院一年内通过OA发文报审次数都超过了1000次，特别是越秀法院超过4000次，但是，还有8家法院发文报审次数不足100次；评估期间，天河法院、增城法院和白云法院则从未通过OA发文报审过。又如，广州所有法院都具备了远程接访和网上调解功能，但是这两项功能在审判实践工作中却没有发挥应有作用。所有法院在评估期内都从未使用过远程接访功能，不管是因为远程接访系统不好用，还是与需求不匹配，都说明这项应用利用率低，浪费了宝贵的信息化资源。网上调解也存在类似问题，除了互联网法院和广州中院外，大部分法院没有充分发挥网上调解功能的作用。有的法院网上调解案件一年只有几百件，有的法院则只有几件，相对于庞大的民商事案件数量来说，作用微乎其微，有3家法院甚至从未进行过网上调解。法院有功能却不使用，造成智慧法院建设的闲置和浪费。

信息化系统应用普及程度不够高与一些系统的便利性不够有密切关系，这也是全国法院信息化工作面临的共性问题。广州法院虽然在信息化建设方面投入了大量的人力、物力，开发了大量的审判管理、执行、办公系统，但是系统、应用有一个不断开发、调试的过程。在开发初期缺乏与审判执行工作的融合，就难免会出现系统设计缺陷或操作不便等问题，导致系统"看上去很美"，但在实际应用过程中，使用不便、运用频率低，对审执工作没有直接和明显的辅助功能，甚至拖延工作进程，影响法官的使用体验，导致使用率低。例如，"广州微法院"小程序主要功能已具备全流程网上办理条件，但在具体功能、操作步骤的优化，整体功能整合提升上需要重新审视，"审务通"

手机 App、"律师通"手机 App 部分功能尚未完全移植到微信小程序上，导致个别情况下需要同时使用两个程序，给当事人、律师等使用电子化诉讼服务带来一些困难。

系统整合程度也有待提升。目前，广州智慧法院建设的主体架构已经搭建，但无论在系统整合方面还是系统中的数据互通方面，都存在一些细节问题有待进一步加以完善。广州法院在法院内网、外部专网和互联网三大网系内，搭建了较多平台，除了广州综合业务系统外，还有12368平台、"审务通"手机App、"律师通"手机App、"法官通"手机App、"移动执行"App、"广州微法院"微信小程序等，各种应用不计其数，但是网络和平台不是越多越好，平台太多反而容易使用户无所适从。

平台林立难免给广州法院与广东、全国法院的有关系统互联互通带来困难。以人民法院大数据管理和服务平台为例，其以此平台为主干，接入涉密内网、法院专网、外部专网、移动专网、互联网"五大网络"；在这"五大网络"上又衍生出涉密办公办案平台、全国法院音视频综合管理调度平台、综合业务平台、全国法院业务和信息服务平台、人民法院对外业务协同平台、移动办公办案平台、全国法院司法公开和为民服务平台"七大平台"；"七大平台"又林立着30余个系统，每个系统下面还可能存在数目繁杂的子系统。信息系统林立，就可能出现各系统标准不统一、重复录入、数据难共享等问题。平台的数量不等于质量，例如，虽然广东法院和广州法院都有审判信息平台，但是项目组在评估广州法院的"案件关联度"指标时发现，两级法院共用广州综合业务系统，案件能够互联互通，但未能关联全省、全国案件当事人。例如，人民法院受理企业破产申请后，有关该企业的执行程序应当中止并将已查扣财产移交管理人。而实践中，由于审判和执行案件管理系统缺乏信息交换机制，某企业进入破产程序后，以其为被执行人的案件仍在继续进行,造成实践中大量需要协调其他受案法院执行回转的问题。再如,由于审判和执行案件系统相互独立,诉前或诉讼中的保全财产,无法通过办案系统自动与执行案件关联,导致执行案件立案后,如申请执行人未能主动提交财产保全信息,案件承办人必须先进行一次网络查询工作,耗时耗力,还有可能造成超标的查封等情况。

广州法院信息化系统应用普及程度不够高与系统应用的宣传推广不到位也相关。以"广州微法院"的使用数据为例,微信小程序功能强大、操作方便简单,在智能手机全面普及的今天,理应成为当事人获取诉讼服务、参与诉讼的重要渠道。但数据反映出来,与广州法院每年受理五六十万案件量相比,小程序使用量仍不高。尽管通过立案通知书、官方网站、微信公众号、律师协会等方式进行宣传,仍有较多当事人不知道或者不清楚具体功能等情况。反映出在新技术研发上线后,宣传推广仍然存在短板。

综上所述,"智慧法院"建设中的各种系统种类和功能繁多,集成度却不高,如果信息化系统各自为政,不能互联互通,将会严重制约信息技术放大、叠加和倍增作用发挥,造成数据资源的浪费。法院信息化的应用普及程度不高,部分原因在于系统本身还不够智能。最高人民法院领导在近期的讲话中指出,要深入学习贯彻习近平总书记关于网络强国的重要思想,更好地运用大数据、云计算、区块链、人工智能、5G等前沿技术加强审判执行工作,积极推进现代科技与审判执行工作深度融合,不断提高人民法院化解矛盾纠纷和诉讼服务能力水平。结合广州法院信息化应用中遇到的问题,对全国法院而言,要彻底克服上述来自用户的阻力的途径,只有加大力度推进各项信息化手段的深度应用。

第一,加快广州智慧法院的系统整合。打造广州智慧法院品牌首先要优化自身功能,强化系统集成度。广州智慧法院的开发建设涉及多个系统，不同系统之间开发进度不一，不可避免地存在"信息孤岛"现象。真正实现法院的智能化，一方面，需要切实解决系统之间的协调问题，让整个智慧法院成为信息开放共享、数据互联互通、系统易用便捷的完整生态系统。另一方面，要科学梳理现有功能内在逻辑，注重不同系统间的逻辑关系和交互体验，继续围绕制约审判质效和人民群众满意度的核心要素进行精准研发，对功能模块适当进行增并、删减，使功能更加完善，与法院业务融合更加充分，逻辑更加紧密，数据交互更加快速便捷，整体更加易用便捷。适时推动"广州微法院"微信小程序迭代升级，强化从线下线上到掌上引流，将微信小程序打造成为当事人、律师掌上业务办理的主渠道。将基本解决执行难固化的流程制度反映到"移动执行"手机App上，不断规范完善执行工作，提升执行质效。

第二，重点项目寻求突破。认真学习贯彻习近平总书记历年来在全国网络安全和信息化工作会议上的讲话精神，广州中院智慧法院建设可以围绕几个重点展开。一是围绕诉讼服务展开。不断优化完善法院全业务掌上融合移动服务体系，为当事人、律师、法官提供更优质诉讼服务、更便捷有效工具，打造"人民最满意的智慧法院"。二是围绕提升法官办案能力展开。集中优势力量，提升法院智能化辅助办案能力，针对审判实务中的"调卷难"、业务协同难等关键问题，逐步建立完善规范量刑智能辅助系统，推进审判领域人工智能研发，例如，可以在文书自动生成方面寻求突破。目前，广州法院的裁判文书自动生成，还只是自动生成案由、案号、当事人信息等简单信息。今后，广州法院可以加大对裁判文书当事人诉辩称意见、案件事实乃至对法院判决理由自动归纳和提取功能的开发力度，从切实解放法官生产力角度，推动审判体系和审判能力现代化。

第三，加强信息化应用者与开发者之间的有效沟通。在信息化建设过程中开发者必须要准确掌握用户的需求,今后,智慧法院各类应用的开发应继续坚持由法官牵头提出业务要求的建设理念,根据需求来确定信息化建设具体项目和内容,重点解决一线办案人员在实际应用过程中的痛点、难点问题,并由法官参与信息化项目测试和体验。以实际应用为导向,继续畅通领导者、技术开发者和实际应用者之间进行有效沟通的渠道,让一切应用中遇到的问题都能够在短期内得到解决,直至达到在决策阶段就让技术与业务充分融合的理想状态。

第四,加大对前沿技术研究的支持,重点解决促进审判质效提升和审判能力现代化发展中关键应用的研发和普及。其一,对于"法官通"手机 App、"广州微法院"等,应加大应用推广,完善系统功能,转变法官办案习惯,进一步提升移动办案、远程办案便捷化程度。其二,在推进电子卷宗随案同步生成过程中完善电子卷宗的深度应用。完善电子卷宗全程网上应用和阅卷功能,支持电子卷宗汇聚至大数据管理和服务平台,使案件上诉、移送、再审电子卷宗远程调阅功能更加完善。其三,提升法官审判辅助功能的精确性。让人工智能可以识别起诉状、开庭笔录乃至当事人的证据等法律材料,提高自然语义识别能力,基于争议焦点、法律关系,推送精确匹配的案例和法条,为法官办案提供个性化、精细化、智能化服务。其四,深化司法数据的集中管理平台建设。在自动提取案件数据为基础进行司法统计的基础上,开展案件运行情况分析,并为人员调配、法官员额设置、司法辅助人员的招录,以及法官绩效考核、奖励等提供精准数据和详细依据。其五,加快推进区块链技术在办案中的应用。法官不是案件的亲历者,却需要对事实问题作出判断,所以,民事程序法存在先天的信息困境:无法避免当事人隐匿和篡改信息。由此看来,区块链技术全程留痕、不可篡改的记录功能,蕴含着解决民事司法固有矛盾的契机。广州法院依托广州互联网法院"网通法链"智慧信用生态系统,建立"区块链＋司法"信用档案，实现信用可见、可查、可享。定期进行多源分析、多维评估，适时向社会发布互联网司法信用指数，推动从源头上减少审判执行增量。区块链技术对智慧法院建设的影响还远不止于此，区块链技术实现了新科技对传统电子证据实践难题的重大突破，区块链技术的司法适用，真正实现了电子证据的独立证据价值。从某种意义上来说，区块链技术可以把法官从事实判断中解放出来。今后，广州乃至全国法院都应当进一步发挥区块链技术的优势，一方面，打通与金融机构、网购平台、社交平台、公证机构等单位数据对接，实现互联网存证、认证、调证、质证等功能；另一方面，可以尝试将区块链技术用于法定数字货币的财产查控，用于解决强制执行难问题，建立债权行为"可视化"系统，解决虚假诉讼等问题。

第五，遵循循序渐进原则开发审判辅助功能。创新性应用经过初期研发后，应加强试点，逐步升级，不断提升应用的适应性。加强统筹规划，处理好"因需制宜"和"适度超前"的关系，系统开发上，先审判业务，后日常办公业务；先基础数据系统，后分析应用系统；先试点，后两级法院推广使用。通过系统规划和科学管理，逐步让智慧法院成为信息开放共享、数据互联互通、系统易用便捷的完整生态系统。

第六，对不同群体提供个性化服务。目前的广州智慧法院建设还存在重共性需求、轻个性需求问题，这同样是全国性的通病。未来，智慧法院建设还需要提高服务的针对性，对外区分当事人、律师、公众、专家学者等不同群体，对内区分审判人员、审判辅助人员等不同身份，提供个性化服务。针对人民群众，重点消除其对利用信息化手段进行诉讼的疑虑、提升群众对"广州微法院"小程序的接受程度；针对法官群体，重点则是提供更加便利、实用的审判辅助应用，剥离其事务性工作，提高法官使用移动终端办案办公的积极性。

三 挖掘大数据应用深度广度，提升司法服务社会治理能力

"深度应用"是人民法院信息化3.0版"六个特征"之一，其要求人民法院充分运用大数据、云计算、未来网络、人工智能等技术和丰富的司法信息资源，分析把握新形势下审判执行工作的运行态势、特点和规律，为法院自身建设、国家和社会治理提供不断深化的信息决策服务。

人民法院在信息化应用过程中会产生大量的审判执行案件、司法政务、队伍建设、司法保障信息，这些信息不仅以数字的形式，还以大量的图像、音频、视频等形式存在。以立案数为例，目前，全国法院平均一天的立案数量就超过10万件，与登记立案率相对应的是海量的庭审案件信息与庭审录音录像等审判数据，无论是在司法管理还是审判辅助过程中，司法大数据都具有重要的作用。如何开发如此庞大的数据信息资源，并使之得到充分的利用，发挥对法院审判业务应有的价值，是全国法院都必须直面的重要任务。

司法大数据的价值在于大而准。司法过程中的每个环节都会产生大量的数据，而这些数据在传统的司法管理模式中分散于不同层级、不同地方与不同机构，形成许多"信息孤岛"。针对数据碎片化的问题，数据管理平台应当采取一定的组织架构集中各类数据。广州法院乃至全国法院在深度开发和应用大数据方面还应当注意以下几个问题。

一是基础数据的质量有待提高。个别的基础审判信息还无法自动提取，需要法官手动上传。手动上传审判信息一方面会增加法官的工作量，使得原本就捉襟见肘的审判资源更加紧张，甚至引发法官对信息化工作的抵触情绪；另一方面，手工填报数据工作量大，办案法官是第一手数据的录入者，如果法官责

任心不强，各类数据的录入准确性会受到很大影响。在数据质量检查、稽查工作的力度不大的情况下，容易产生不少误报、漏报，导致数据不准确。对于以大数据为支撑的智慧法院而言，案件信息不完整、不准确，无异于"釜底抽薪"，将影响提供参考信息的准确性。

二是对大数据的挖掘和利用深度不足。近年来，广州法院的大数据挖掘和分析不断深入，但也还有很大的努力空间和提升空间，其一，广州法院内部大数据分析功能使用差异巨大，广州中院、南沙法院等都对审判大数据进行了深入挖掘，特别是广州中院在广州审判网定期公开社会经济形势、治安形势司法指数，但也有的法院大数据分析仅仅停留在简单的统计层面，还未依据大数据进行分析并形成深度报告，遑论借此影响地方立法、辅助党委、政府决策等。其二，借助丰富的审判信息资源，利用大数据分析减少法官的重复机械劳动，对法官的事实甄别、证据认定、裁判说理以及最终做出合乎法律的裁决等方面仍显不足，通过数据信息预测案件趋势的功能还有待发挥。

三是信息的内外联通还没有完全实现。从法院内部看，案件管理系统与执行管理系统之间的信息仍然无法无缝对接，无法利用审判中的有用信息查找被执行人线索。从法院外部看，随着法院信息化快速发展，其对政法部门之间的数据共享和业务协同要求越来越高。在这样的背景下，减刑假释案件信息处理、道路交通纠纷网上数据一体化处理、刑事案件多方远程庭审等跨政法部门的信息平台应运而生。由于这些平台并未联通法院最为主要的审判执行业务系统、电子卷宗随案生成系统等，这些平台的有效运转难免具有一定的局限性，迫切需要打通公、检、法之间的电子信息流通渠道。

鉴于广州智慧法院建设应用遇到的上述个性和全国共性问题，未来，广州乃至全国智慧法院的建设还应当从以下几个方面更多发力，使法院信息化建设更上台阶。

一是通过对审判数据的管理、处理、分析与优化，进一步完善大数据管理分析平台，推动大数据分析从"重统计呈现"向"呈现、分析、预测并重"的深度应用转变。通过分析与优化审判数据，建立大数据分析结果为支撑的智能化辅助办案平台，推动法官审判经验共享、司法资源智能推送、诉讼结果预判，并进行审判偏离度分析、预警等，努力通过大数据应用促进同案同判，提高司法效率。例如，执行指挥中心可以利用全国法院执行案件信息管理系统、数字法庭系统、远程指挥系统、执行查控系统、执行联动系统等各类信息系统的数据，实现远程中央指挥、大要案决策分析、案件动态管理、司法网络查控、快反应急处置、跨部门联动威慑等功能。

二是加大跨部门、跨行业的大数据互联互通。法院应在内部实现立案、审判、执行、鉴拍等部门的信息时时共享，相互支持。在外部通过与其他部门的信息共享和网络协同服务，推进司法机关之间以及司法机关和社会其他部门之间的数据信息资源互联共享，在更大范围内实现法院内外部大数据的互联互通。比如在"掌上纠纷化解平台"建设方面，要积极配合推进平台建设、数据对接等工作，加强法院诉讼、诉前联调及其他纠纷化解方式的衔接协调，促进"诉源治理"，充分发挥和延伸法院职能作用，提升矛盾纠纷化解信息化水平，高效化解社会矛盾纠纷。再如，打通减刑假释、道交一体化、刑事案件、金融案件等业务协同接口，打通与公安部门道路交通事故数据共享渠道，在两个以上地区推广道路交通事故纠纷一体化处理平台。又如，可以通过海量的执行案件历史数据，对被执行人的诉讼信用、财产分布、主要涉诉区域进行深入分析，以得出当事人的诚信度，确定案件的执行方案。

三是通过大数据分析进一步推进社会治理精准化、科学化。一个案件在网络上亦会留下当事人、社会、公共政策等各方面的数据，这些数据的沉淀，有助于进行预测和决策，以便有针对性地加强管理。在以构建总体国家安全、共建和谐稳定为基本导向的政法工作中,法院一方面可以充分利用审判信息大数据掌握案件规律,建立"数据画像"情报挖掘分析系统、"数据地图"区域警情预测系统、"数据天网"快速响应系统,为化解矛盾纠纷、参与社会治理提供决策依据;另一方面,可以加强大数据挖掘,通过大数据准确研判经济运行风险、社会发展动态,有效支持政府决策科学化和公共服务高效化。

四是不断加大审判管理信息的利用深度和广度,使得开发的司法管理系统得到更加深入的运用。近年来,广州法院在审判管理信息化方面做了大量卓有成效的努力,法院综合业务系统都具备人事管理、档案管理、纪检监察、司法装备等审判管理功能;实现了审判流程管理、案件质量评查、庭审质量考评、审判质效管理等审判管理工作的信息化。但是,大多数法院的应用范围局限在流程管理、网上办公、公文传输等方面,司法信息资源的价值没有充分体现,还没有广泛用于数据分析等方面,更没有发挥信息资源规模效益和社会效益。因此,司法数据的集中管理平台应以自动提取的案件数据为基础进行司法统计,开展案件运行情况分析,并为人员调配、法官员额设置、司法辅助人员的招录,甚至法官绩效考核、奖励等提供依据或者参考。同时,提高审判信息的利用率,还应增加管理系统的便利性和可塑性,在系统应用过程中发现问题和不便之处,可以随时与技术部门提出修改意见,做到能够及时、方便地优化和调整。

四 探索互联网司法规律规则,加强学习交流弥补自身短板

互联网、信息化的应用推广,一方面助力智慧法院建设,对于审判执行质效提升作用巨大,但另一方面对司法活动产生

了巨大影响，如何构建智慧法院推进进程中的司法规律规则，是智慧法院持续稳定发展的关键。

（一）积极探索互联网司法规律、规则

在线诉讼是适应互联网发展而生的新型诉讼模式，同时也给法院工作带来了一些新情况、新问题。现行的民事诉讼规则是面向传统诉讼构建起来的，对于在线诉讼司法实践中面临的新情况和新问题，法律规定仍不够健全。虽然，最高人民法院出台了《最高人民法院关于互联网法院审理案件若干问题的规定》，明确了身份认证、立案、应诉、举证、庭审、送达、签名、归档等在线诉讼规则。但是，该规定针对的对象仅仅是"互联网法院"，随着司法实践的深入，特别是新冠疫情导致更多的诉讼环节需要在线完成，在线诉讼的需求和普适性将进一步扩大，亟待进一步制定、明确统一的在线诉讼规则。

广州互联网法院是2019年全国收结案最多的互联网法院，"广州微法院"在线诉讼也积累了大量的实际经验，为此，广州法院应当利用地缘和先发优势，加大在办案平台建设、在线诉讼流程、新兴技术应用、在线诉讼规则等方面的探索力度，加快探索互联网司法新模式。发挥广州互联网法院"样板间"和"试验田"作用，总结形成可复制、可推广的先进经验，智慧法院和互联网司法向纵深发展，建立健全具有中国特色的互联网司法新模式和规则体系，打造互联网司法新高地。

（二）加强与其他先进法院的交流和学习

广州法院在进行"智慧法院"规划、建设时，既要低头拉车，也要抬头看路。全国各地法院一些好的做法和经验值得广州法院在内的其他法院参考学习，这也能避免重复建设，提高智慧法院建设效率。近年来，广州法院的"智慧法院"建设开展得如火如荼，从"三通一平"到"广州微法院"，从庭审视

频直播到"送必达、执必果",既具有自己的特色,也达到了全国先进水平。

放眼全国,在2002年全国法院信息化工作会议后,人民法院信息化工作就在各地全面铺开,全国不少法院的信息化建设都有特长和心得,都根据自身法院的特点开发出一些对减少法官辅助性事务、提升司法质效确有帮助的应用。有的法院已经实现案件从收案登记、立案审批、分案排期、案件送达、案件审理、结案审查到案件归档的流程化管理。有的法院通过信息网络系统的上下连接,将案件上诉、再审等环节纳入管理,实现了全方位、立体式、无缝隙的网络监督。有的法院全流程无纸化网上办案。法官从接收案件、庭审审判到文书起草均依靠电脑系统完成,当事人立案时只需提交电子证据、审判中只需出示必要的证据原件即可完成诉讼。大量法院内部因履行程序产生的传票、送达回证等文书只需留存电子存根或者电子副本、电子稿件即可完成程序流转,这是一种崭新的全链条、全节点、全流程无纸化办案模式。还有的法院研发的电子卷宗智能编目系统运用图文识别、机器学习等技术,对扫描文件进行自动拆分、标注和编目,系统编目准确率在90%以上,经过数据学习,准确率还在继续提升。

信息化建设是一个漫长和艰辛的探索过程,智慧法院的建设过程离不开人力、物力、财力资源的大量投入,甚至海量投入。全国范围内,一些法院开发的一些成熟乃至先进的系统和应用程序,如果能够相互借鉴、互通有无,必将节约时间和经济成本,减少不必要的试错过程,产生事半功倍的效果。未来,广州法院在信息化建设中应当加强与各地法院的沟通交流,相互学习,取长补短,这样既能够有效避免自身在信息化前进中的偏差弯路,节约大量的研发资金,也有利于将自身成熟经验做法迅速向全国其他地区法院推广,促使全国法院智慧法院水平共同提升。

(三) 对标第三方评估，发现问题解决问题

此次第三方评估也给广州法院带来契机，法院可以全面对标本次评估结果，查漏补缺。本次评估，项目组从智能审判、高效执行、自动化管理、优质服务和组织保障五个维度，设计了6项一级指标18项二级指标50项三级指标，对广州智慧法院建设的各方面进行了全面的评估。评估发现广州法院在信息化建设中的一些优势项目，有的项目处于全国领先地位，但也发现了个别不足之处。针对这些短板，广州法院可以对照《全国智慧法院建设指数评价报告》，制定《广州智慧法院破解难题、补齐短板工作台账》，明确时间表、责任人，查漏补缺，使广州的智慧法院建设更上一个台阶。

五 提升智慧法院建设观念认识，加强人才培养和组织保障

整体上说，广州法院"智慧法院"建设走在全国法院前列，但同时也应注意到，广州智慧法院建设发展具有不平衡性，各基层法院之间信息化建设和应用能力水平仍然存在较大的差异。

评估发现，在广州地区，一些"智慧法院"建设良好的法院，如广州中院、越秀法院、互联网法院，评估所涉及的基础指标得分较高，创新应用数量较多，评估得分超过85分；相反，还有一些法院得分不足80分，特别是荔湾法院、从化法院和海珠法院，不到75分。

广州法院信息化的各个功能之间的差异也比较大。在"智能审判"评估中，得分最高的法院89.9分，最低的法院65.4分，两者相差24.5分；在"高效执行"评估中，得分最高的法院比最低的法院高出28.0分；在"自动化管理"评估中，得分最高的法院比最低的法院高出17.5分；在"优质服务"评估

中，得分最高的法院比最低的法院高出 41.3 分，在"创新应用"方面，广州中院、互联网法院得分都超过 20 分，但也有 7 家法院没有一项"智慧法院"创新应用获得加分。可见，在各个指标中，广州各家法院的"智慧法院"建设应用水平差距还是十分明显的，这些差距主要不是体现在功能建设方面，而是体现在应用功能建成后，是否应用、如何应用以及应用的广度和深度。那些得分不高的法院往往在系统和应用建成后束之高阁，或者没有发挥应用的功效。

之所以发展不平衡、存在较大的差异与各法院对"智慧法院"认识程度、人才配备以及对信息化建设的保障密切相关。

广州法院信息化历史悠久，但仍然有干警思想观念跟不上时代要求的现象。有的干警习惯于传统手段办案，遇到操作困难就因噎废食，放弃使用信息化手段；有的存在先入为主的"路径依赖"，相信个人经验胜于信息技术，纸质信息比电脑信息可靠，对目前已经相对成熟的文书智能生成、智能阅卷、信息回填等功能弃之不用，也有的认为信息化建设是"花架子"，增加了工作负担，因而缺乏使用系统、准确录入数据的动力。认识出现偏差，会影响智慧法院建设的长远发展。

在人才培养方面，目前，广州法院已经培养出一支具有专业水平和技术实力的技术人员队伍，与社会化服务机构建立起相对稳定的合作关系。但信息化人才队伍建设仍然存在短板，特别是具备大数据分析、调研能力的人才匮乏，尚不能满足信息时代法院的发展需求。

一方面，专业化懂法律的研发人员力量不足。信息技术人员由于缺乏足够的审判执行工作经验，对法官需求的理解不够深入，研发的系统与干警的实际需求有一定距离，系统上线后，还需要投入较大人力去调试和优化，耗时费力还不一定能达到要求；虽然可以征求资深法官的意见，但在司法资源不足的情况下，其参与系统研发的时间、深度有限。此外，干警群体对信息技术、大数据比较陌生，既精通审判业务和大数据，又通晓信息技术的人才少之又少，这是阻碍信息化改革和司法大数据应用范围的人才短板。

另一方面，信息化系统日常运维人员缺乏。广州法院上线的系统、应用数量多、专业性强，每家法院都需要一个技术团队才能支撑起信息化系统的日常运维工作。但是在一些基层法院，掌握信息技术的工作人员仅有 1—2 名，日常运维捉襟见肘，一旦发生故障或类似感染病毒等事故难以应对。此外，法院信息化运维工作不仅要求工作人员具备计算机网络知识，还应具备一定的法律常识，对审执工作业务流程有一定的了解，但由于法院内部尚未建立起对技术人员的法律业务培训机制，既懂技术又懂业务的工作人员可以说是凤毛麟角。这也对广州智慧法院日常运行平稳、顺利构成一定的威胁。

可以说，上述问题在其他地区法院同样存在，甚至更为突出。因此，在未来的信息化建设中，各级法院都需要对影响发展的认识问题、人才培养问题、组织保障的问题加以高度重视。

第一，加强法院信息化建设的组织保障。实践证明，"智慧法院"的领导机构和办事机构对于统领全院信息化工作、加强智慧法院建设保障至关重要。尚未成立的基层法院应当尽快建立，已经建立的法院则应加强此机构的工作力度，完善并充分发挥该办公室对智慧法院建设的战略统领和规划指导作用，构建全院一盘棋的管理机制；同时，增强上级法院对下级法院智慧法院建设的管理和督促职责，确保各项任务落到实处。

第二，要提升信息化保障的思想认识。提高法院广大干警，特别是各个基层法院领导对智慧法院建设重要性的思想认识，切实从"科学技术是第一生产力"的高度，把信息化作为人民法院现代化建设的一项战略性、基础性和全局性工程，使信息化工作与审判执行工作同部署、同安排、同落实、同检查。

第三，要培养广大干警信息化素养。一方面，转变法官、审判辅助人员观念，提升其利用信息化手段办案的观念，培养应用现代科技的意识和能力，养成勤于应用、善于应用智慧法院建设各项成果和掌上移动终端系统的习惯。另一方面，严格把控基础数据录入。执行好诉讼材料扫描、流程节点录入等相关规定，确保基础数据扎实，为当事人查询案件、发挥大数据分析作用奠定基础。

第四，做好法院信息化和法律专业化双栖人才的培养。要进一步加大力度，将业务能力强、具有专研精神的干警吸收进信息化建设研发团队，弥补技术人员的不足。加强法院信息化队伍建设，培养一支既懂技术又熟悉审判业务的信息化队伍，提升智慧法院建设能力和水平，可以从以下几种途径入手。一是高度重视信息技术队伍建设。部分法院信息化管理部门专业技术人员不足，维保工作主要采取服务外包的形式，人才建设有待提升；现有技术人才往往在法院中处于边缘地位，待遇、晋升空间制约其良性发展。建议借司法改革审判辅助人员管理改革的契机，将信息技术人员的身份认定、工资待遇、晋升机制与《最高人民法院关于全面深化人民法院改革的意见——人民法院第四个五年改革纲要（2014—2018）》第48条规定中所述三类审判辅助人员统一，以调动其积极性。二是培养一支对信息化和司法业务都精通的队伍，使大数据、信息技术和业务最大限度地实现融合，系统运转良好畅通。可以借鉴其他法院的模式，成立法官、法院技术人员、科技公司组成JEC项目开发团队。实践表明，由技术部门和精通审判业务的一线干警组成审判系统开发小组，在充分调研的基础上，通过对于现有的审判执行系统进行反复研讨和修改，提出最佳的信息化建设方案。三是引进和使用积极探索购买服务，借助外脑，建立一支专家咨询队伍，利用社会力量为法院的大数据分析、整理提供技术支持，不断提高法院信息化技术和大数据分析水平。四是加强信息化、大数据的专门培训。法院信息化建设能否跟得上信息化发展潮流是决定法院信息化水平发展的关键，有必要加强信息化技术的专门培训，用最前沿的理念、最尖端的知识武装法院信息化队伍。

第五，加强宣传推广力度。对智慧法院的观念认识的提高也不能固守于法院内部，还应面向社会扩大宣传，提升全社会的认识，进而为提升法院干警观念认识打好社会基础。广州智慧法院建设的优势在于是全面的信息化，不是只专注于审判执行工作本身，也不只是司法为民。"广州智慧法院"之所以成功的关键在于坚持坚强的领导、务实的态度、深入的调研，进而采取灵活的线上线下转换措施，从源头上避免了拘泥于形式的僵化与教条，走出了一条符合广州司法审判实际、"不唯上只唯实"的信息化建设之路。今后，在认清广州智慧法院建设优势和不足的基础上，可以进一步做好宣传推广计划，充分利用新媒体、传统纸媒、公益广告、法院文书、律协文件、高层次思想库等载体，切实加大"广州智慧法院"的宣传力度，让社会公众知晓"广州智慧法院""广州微法院"小程序等优质品牌，打造"广州智慧法院"的品牌效应。

习近平总书记指出："建设网络强国，要把人才资源汇聚起来，建设一支政治强、业务精、作风好的强大队伍。"智慧法院建设和法院信息化水平进一步提升，离不开人才的培养。只有重点培养、引进、锻炼、选拔优秀信息化建设管理和技术人才，建立完善专业分类齐全、梯次结构合理、人员数量充足的人才队伍体系，才能为智慧法院建设提供坚强的保障。

参考文献

一 中文文献

（一）著作（专著、译著）

曹建明主编：《公正与效率的法理研究》，人民法院出版社2002年版。

陈甦、田禾主编：《法院信息化发展报告No.3（2019）》，社科文献出版社2019年版。

陈甦、田禾主编：《法院信息化发展报告No.4（2020）》，社科文献出版社2020年版。

郭建利主编：《"互联网+"法治思维与法律热点问题探析》，法律出版社2016年版。

景汉朝：《司法成本与司法效率实证研究》，中国政法大学出版社2010年版。

李林、田禾主编：《法院信息化发展报告No.1（2017）》，社科文献出版社2017年版。

李林、田禾主编：《法院信息化发展报告No.2（2018）》，社科文献出版社2018年版。

李林、田禾主编：《中国法治发展报告No.15（2017）》，社会科学文献出版社2017年版。

李林、支振锋主编：《中国网络法治发展报告》，社科文献出版社2018年版。

中华人民共和国最高人民法院编：《中国法院的互联网司法》，人民法院出版社2019年版。

（二）文章

《不断推进审判体系和审判能力现代化——四论深入学习贯彻党的十九届四中全会精神》，《人民法院报》2019年11月22日第1版。

曹秀娟：《远程审判带来的可喜变化》，《山西日报》2015年11月25日第A03版。

陈凤：《正义之槌在"云端"延伸——上海法院持续推进在线庭审常态化》，《人民法院报》2020年5月7日第1版。

罗书臻：《周强在第二次人民法院信息化工作会议上强调 全面加强人民法院信息化建设 努力实现审判体系审判能力现代化》，《人民法院报》2014年8月23日第1版。

孙航：《疫情防控期间智慧法院建设成果红利充分释放》，《人民法院报》2020年4月15日第1版。

孙航：《最高人民法院印发通知要求各级法院加强和规范疫情防控期间在线诉讼工作》，《人民法院报》2020年2月19日第1版。

《习近平：决胜全面建成小康社会 夺取新时代中国特色社会主义伟大胜利——在中国共产党第十九次全国代表大会上的报告》，载《新华每日电讯》2017年10月28日第1版。

袁定波：《最高检首次实现远程视频接访》，《法制日报》2015年1月15日第5版。

章程、方晴、魏丽娜：《广州互联网法院以问题为导向 探索网络空间治理现代化的"广互方案"》，《广州日报》2019年12月3日第A3版。

《中办国办印发〈国家信息化发展战略纲要〉》，《人民日报》2016年7月28日第1版。

《中共中央关于坚持和完善中国特色社会主义制度　推进国家治理体系和治理能力现代化若干重大问题的决定》,《新华每日电讯》2019年11月6日第1版。

［德］Peter Gilles:《德国民事诉讼程序电子化及其合法化与"E—民事诉讼法"之特殊规则》,张陈果译,载《民事程序法研究》第3辑,厦门大学出版社2007年版。

毕寒光:《审判管理方式改革之我见》,《辽宁公安司法管理干部学院学报》2000年第2期。

段厚省:《远程审判的双重张力》,《东方法学》2019年第4期。

冯娇、胡铭:《智慧司法:实现司法公正的新路径及其局限》,《浙江社会科学》2018年第6期。

洪冬英:《司法如何面向"互联网+"与人工智能等技术革新》,《法学》2018年第11期。

胡昌明:《建设"智慧法院"配套司法体制改革的实践与展望》,《中国应用法学》2019年第1期。

胡昌明:《中国智慧法院建设的成就与展望:以审判管理的信息化建设为视角》,《中国应用法学》2018年第2期。

廖元勋:《网络视频在远程审判中的运用》,《中国审判》2008年第10期。

刘敏:《电子诉讼潮流与我国民事诉讼法的应对》,《当代法学》2016年第5期。

邵天一等:《对"网络远程审判模式"的调查与思考》,《中国审判》2010年第9期。

史明洲:《区块链时代的民事司法》,《东方法学》2019年第3期。

谭世贵:《中国司法体制若干问题研究》,《法治研究》2011年第3期。

王福华:《电子诉讼制度构建的法律基础》,《法学研究》2016年第6期。

吴英杰：《发展"互联网+审判"的法律思考》，《中山大学研究生学刊》（人文社会科学版）2016年第2期。

薛晓蔚：《信息社会背景下的异地法官远程视频审判的设想》，《太原师范学院学报》（社会科学版）2011年第1期。

赵志刚：《智慧检务的"五个A"》，《中国检察官》2018年第6期。

郑戈：《区块链与未来法治》，《东方法学》2018年第3期。

郑旭江：《互联网法院建设对民事诉讼制度的挑战及应对》，《法律适用》2018年第3期。

《最高人民法院关于加快建设智慧法院的意见》法发〔2017〕12号，《中华人民共和国最高人民法院公报》2017年第11期。

二 外文文献

David E. Knuth, "Computer Programming as An Art", Communications of the ACM, Vol. 17, No. 12, 1974.

Eric PS Baumer, "Toward Human-Centered Algorithm Design", Big Data and Society, July-December 2017.

Marvin L. Minsky, Computation: Finite and Infinite Machines, Prentice-Hall Inc., 1967.

Miklós Kengyel, Zoltán Nemessányi Editors. Electronic Technology and Civil Procedure—New Paths to Justice from Around the World, pringer. 2012.

Ponte L. M., "Michigan Cyber Court: A Bold Experiment in the Development of the First Public Virtual Court House", NCJL & Tech., 2002, 4: 51.

三 网络文献

《广州法院 2019 年 1—12 月裁判文书不上网统计》，广州审判网，http：//www.gzcourt.gov.cn/cpws/ck486/2020/01/21164147957.html。

《习近平出席全国网络安全和信息化工作会议并发表重要讲话》http：//news.cctv.com/2018/04/21/ARTIg5W5SqI09KHkP8wMt40j180421.shtml，央视网。

后　　记

习近平总书记指出："没有信息化就没有现代化。"法院信息化是国家信息化的重要组成部分，是新时期人民法院维护社会公平正义、满足人民群众司法需求的关键。法院信息化建设不仅是审判方式和管理模式的转变，而且是提升审判体系和审判能力现代化的系统工程。

在网络逐步深入普罗大众的生活、社会信息化水平不断提升的当下，法院开展信息化建设不仅有利于法院服务人民群众、维护司法公正，有利于法院增强司法透明、规范权力运行，而且还有利于法院适应社会变迁、服务国家战略。通过信息化，将传统的信息资源转变为电子数据，并对这些电子化数据进行分类、整理与分析，有助于法院生产出更有价值的司法信息。正是基于数据化的司法信息与数据分析，法院信息化建设推动法院向自动化、网络化、智能化的方向发展，适应瞬息万变的社会变迁。

近年来，中国法院围绕全面推进依法治国战略部署，按照"大数据、大格局、大服务"理念，以服务人民群众、服务审判执行、服务司法管理为主线，推进人民法院信息化建设，在推动司法公开、深化司法为民、提升审判质效、规范司法管理方面取得了显著成效。在法院信息化取得重大成绩的前提下，我们也看到法院信息化建设应用成效如何缺乏有效的评价机制，对法院信息化成就的评估缺乏具体的方法和定量分析。

在这一背景下，从2015年开始，中国社会科学院法学研究所开展了对全国法院信息化的第三方评估，具体由中国社会科学院国家法治指数研究中心和中国社会科学院法学研究所法治指数创新工程项目组承担评估工作。2016年以来，我们受最高人民法院、山东省高级人民法院委托，从法官、当事人、律师、社会公众多个维度出发，对人民法院信息化在规范司法权运行、落实司法为民、提升司法透明度等方面的应用效果进行了第三方评估，总结人民法院信息化的成就，分析面临的困难，探究人民法院信息化的发展方向。先后形成了2本智库报告——《中国法院信息化第三方评估报告》《法院信息化3.0版建设应用评估报告——以山东法院为视角》和4本法治蓝皮书——《中国法院信息化发展报告》等智力成果。

本书是继上述成果之后，项目组对中国法院信息化进行第三方评估的一本最新力作，其具有以下特点。

第一，新颖性。本书撰写过程中注重对法院信息化最新成果的吸收与应用。一是加入了全新的评估指标，首次引入了智慧法院创新应用、建设领导组织、弹屏短信应用、失信彩铃应用、办公OA系统建成情况等评估指标，并增加了刑事远程开庭、互联网网上开庭等指标的比重；二是评估中侧重对近年来最新科技与法院信息化深度融合情况的评估，如广州各级法院如何推进手机App、微信小程序，以及最新的5G通信技术、区块链与智慧法院的融合发展等，为智慧法院下一步建设发展探索前进方向。

第二，全面性。本书内容全面丰富，从建设背景、评估概况、建设理念、主要时间和经验、应用成效横向比较以及展望六个方面对广州智慧法院近二十年来的发展成就，特别是2017年以来的最新成果进行了全面总结，凡十余万字。既有宏观层面对广州智慧法院发展理念的总结和体谅，也有微观层面对信息化建设细节的解剖与分析；既有历时性的发展脉络，也有同时期对全国法院信息化发展状况的横向比较；既有对广州法院整体的分析，也有对广州中院以及下辖各个基层法院信息化优长与不足的评价。

第三，客观性。第三方评估不是满意度评价，而是依据法律和司法解释设定指标、用客观的数据和方法，对司法公开的实际效果做出不掺杂个人感情的评判。没有定性的定量分析是盲目的，缺少定量的定性分析是空洞的。为此，本书的评估采用定量与定性分析相结合的方式，兼顾定性研究与定量分析，用定性研究体现广州智慧法院建设的整体概貌和未来发展方向，用定量分析智慧法院建设过程中的突出亮点和仍然存在的缺陷，分析广州法院在全国的发展水平和内部基层法院之间的差异。

第四，中立性。评估不是一味地评功摆好、面子工程，而是一面镜子，第三方评估具有中立性，用局外人的视角，改变法院自己审视自己时难以克服的主观性。本书作为智慧法院方面的一部第三方评估报告，一方面，充分收集反映广州智慧法院建设成就的优秀项目、案例，通过智库报告充分向全国法院、全社会展示广州智慧法院建设的成果和经验；另一方面，则如实反映出广州智慧法院建设过程中仍面临的问题和短板。

以智库报告的形式呈现本次第三方评估的结果，旨在客观展示广州法院乃至全国法院信息化的最新进展，进一步探索智慧法院未来的发展方向，扩大中国法院信息化的影响力，形成法院信息化品牌效应，为世界司法信息化提供中国样本和广州经验。

编　者

2020 年 9 月

田禾，现任中国社会科学院国家法治指数研究中心主任、法学研究所法治指数创新工程项目组首席研究员、《法治蓝皮书》主编，兼任最高人民法院网络安全和信息化专家咨询委员会委员、最高人民法院执行特邀咨询专家、安徽省人民政府政务公开顾问、广东省中山市地方立法咨询专家、西藏自治区林芝市人民政府专家咨询委员会委员等职务。全国先进工作者，享受国务院颁发的政府特殊津贴，《法制日报》"2017年度法治人物"。主要研究领域包括刑事法治、实证法学、司法制度等。

吕艳滨，现任中国社会科学院国家法治指数研究中心副主任、法学研究所法治国情调研室主任、法治指数创新工程项目组执行研究员、《法治蓝皮书》执行主编。主要研究领域包括行政法、信息法、实证法学等。

中国社会科学院国家法治指数研究中心
法学研究所法治指数创新工程项目组
重点书目

一 中社智库·国家智库报告

1. 中国政务公开第三方评估报告（2019）
2. 中国法院信息化第三方评估报告
3. 基本解决执行难评估报告——以深圳市中级人民法院为样本
4. 人民法院基本解决执行难第三方评估报告（2016）
5. 标准公开的现状与展望
6. 中国司法公开第三方评估报告（2018）
7. 中国高等教育透明度指数报告（2015）

二 中社智库·地方智库报告

1. 社会治理：潍坊智慧城市实践
2. 社会治理：珠海平安社会建设
3. 社会治理：新时代"枫桥经验"的线上实践
4. 公共法律服务建设的珠海样本
5. 全面推进政务公开的贵州实践
6. 全面推进政务公开的越秀实践

三 中社智库·年度报告

1. 中国政府透明度（2018）
2. 中国政府透明度（2019）
3. 中国政府透明度（2020）
4. 中国政府透明度（2019）：义务教育透明度报告

四 其他重点书

1. 法治建设的中国路径（理解中国丛书）
2. 司法公开：由朦胧到透明的中国法院（法治中国丛书）